CAPÍTU

UNO NACE VARIOS

JAIME BARYLKO

•

EN BUSCA
DE UNO MISMO

Mi querida Lucy:
      No hay palabras ya para
decirte cuánto te quiero, así que lo
expreso de otra manera : que seas
mi hija ES para mí un privilegio
divino, irrepetible!
                    Forever Mamá
                    marzo/03

Jaime Barylko

·

EN BUSCA DE UNO MISMO

Emecé Editores

159.98   Barylko, Jaime
BAR   En busca de uno mismo. - 3a ed. - Buenos Aires : Emecé, 2000.
              280 p. ; 23x15 cm. - (Divulgación)

              ISBN 950-04-2018-X

              I. Título - 1. Autoayuda

Emecé Editores S.A.
Alsina 2062 - Buenos Aires, Argentina
E-mail: editorial@emece.com.ar
http://www.emece.com.ar

Diseño de tapa: *Eduardo Ruiz*
Fotocromía de tapa: *Moon Patrol S.R.L.*
3ª impresión: 4.000 ejemplares
Impreso en Imprenta de los Buenos Ayres S.A.I.yC.,
Carlos Berg 3449, Buenos Aires, julio de 2000

IMPRESO EN LA ARGENTINA / PRINTED IN ARGENTINA
Queda hecho el depósito que previene la ley 11.723
I.S.B.N.: 950-04-2018-X
23.556

La fogata de la infancia

Nunca reces como rezaste. Nunca abraces como abrazaste. Ni pretendas saber. Todo saber se vuelve cosa: útil, pero estéril.

Debes ir más hondo. Búscate en las honduras, en la vibración erótica del universo y en esa oceánica sensación de ser un diapasón de ese estremecimiento, donde concluyen las palabras, se disipa la cultura, y el saber atesorado sirve para hacer la fogata de nuestra infancia, esa que armábamos en la calle, con maderitas de cajones, con cartones sueltos, y maravillados, como los niños que éramos, vislumbrábamos las alitas de nuestro origen, que rebrotaban.

Nacimos varios

"Uno nace varios, y muere uno solo", comentaba melancólicamente Paul Valéry.

Nacer varios es venir al mundo con múltiples potencialidades. Pero luego aparece la educación, la carrera, las llamadas necesidades de la vida, y te vas reduciendo, te vas consumiendo en uno solo, cada vez más especializado en ese uno solo, y los demás que pudiste ser se van muriendo. Y entonces es cuando uno se torna cosa, sustantivo.

La selva

Nacemos con alas, con promesas de alas. Luego la sociedad nos reduce, nos da nombres, nos marca caminos, y los estudiosos distinguen entre el yo, el self, el ego, el sí mismo, el para sí, el *moi*. Y yo me pierdo en esa selva de palabras.

Uno mismo se busca entre hojas secas y escombros de afirmaciones rotundas. Desconfía de respuestas taxativas; las preguntas, en cambio, lo cautivan. Porque es en cambio.

El pájaro

El niño se levanta una mañana y encuentra un pájaro atrapado entre los vidrios de su ventana, de esas que se usan en las heladas estepas rusas.

El niño quiere dejarlo en libertad, pero el pájaro no puede volar. ¿Qué hará el pájaro con el niño? ¿Qué hará el niño con el pájaro?

El pájaro es tratado como una pieza preciosa y delicada que promueve cuidados y genera preocupaciones a su dueño. El niño debe ir a la escuela y lamenta tener que separarse del pájaro.

"Si bien debo separarme de ti —le dice— no lo hago por propia voluntad; pero te prometo que he de volver a ti y ya no me separaré de ti, desde la noche hasta la mañana del día siguiente."

El niño debe irse a estudiar y le encarga a la hermana que vele por el pájaro. Cuenta el autor del relato, el Premio Nobel Sh. I. Agnon:

"Sentó al pájaro sobre su cabeza y entre sus cálidos cabellos le tendió una cama. Y yo me fui a la escuela. Estoy yo en el camino y mi corazón me dice que hice mal al irme y dejar el pájaro en manos de mi hermana, puesto que vendrá el gato y se comerá a mi pájaro."

El niño va a la escuela, pero no puede concentrarse en los estudios. Piensa en el pájaro. Teme que el gato se coma al pájaro o que el pájaro despliegue sus alas y huya. Al terminar las clases vuelve corriendo a casa.

La hermana le comunica que ha encomendado al sirviente que le construyera una jaula para el pájaro. El niño sale a contemplar la construcción de la jaula.

El niño está orgulloso de su pájaro. Narra a sus compañeros la maravilla que alberga en su casa. Los otros niños le tienen envidia. No le creen. O le dicen que no le creen.

Al principio, el niño se despertaba a la madrugada cada vez que oía la voz del pájaro. Luego se fue acostumbrando.

"A la mañana no me levanté cuando oí la voz del pájaro. Me acostumbré a su voz y ya no percibí el despertar del pájaro. Cuando me levanté percibí el olor de los bollos rellenos que mi madre solía preparar todos los viernes, con pasas de uva y queso."

Luego, repentinamente, oye el niño un grito amargo y desesperado:

"—¿Qué ocurre, madre? —pregunté, atolondrado.

Y dijo mi madre:

—El pájaro.

Y nada más dijo porque la pena ahogaba su voz. Entonces pensé: 'el gato se habrá comido al pájaro'. Pero el gato no tenía culpa alguna. Supe que el pájaro había salido de la jaula y había volado hacia el horno y el fuego apresó sus alas, y se quemó, y nadie lo salvó."

El niño y su hermana, sumidos en el dolor, entierran al pájaro. El cuento concluye con las siguientes palabras:

"Muchos días pensé en el pájaro. A él dedicaba todos mis pensamientos. Y si bien ya olvidé el lugar de su sepulcro, no obstante su recuerdo no se apartará jamás de mi alma puesto que en mi alma le erigí una lápida, memoria de dolor. Mi pájaro."

EL ORDEN DE LOS VALORES ALTERA EL PRODUCTO

Recapitulemos. ¿Qué busca el pájaro en la casa del niño? Calor, eso busca. Pero luego, con el tiempo, ¿qué sucede? Las preocupaciones en torno al pájaro se vuelven primordiales. La jaula, por ejemplo, absorbe la atención del niño. Ella es lo relevante. El pájaro se torna secundario. La jaula pasa a primer plano.

"A causa de la jaula olvidé al pájaro", confiesa, en su interior, el protagonista. Primero le resultaba difícil apartarse del pájaro. Después, dice, "me resultaba difícil apartarme de la jaula".

Finalmente el niño se acostumbra al pájaro, a su existencia, a su presencia, como uno se acostumbra a salir a la calle y ver el cielo, y tan acostumbrado está a contar con él que deja de verlo. El pájaro dejó de existir en el horizonte vital del niño. Se ha corrido al costado, más atrás del foco de su mente. Ya no lo perturba o inquieta.

El niño está más interesado en la comida que prepara su madre. Cuando recuerda al pájaro es demasiado tarde. El grito de la muerte lo despierta. En vida no lo recordaba. Lo olvidaba constantemente. Una vez muerto, entonces sí, erige en su alma una lápida eterna para el pájaro.

¿Cuál es el pecado en nuestra vida actual?

El pecado es la vida que se olvida, y la muerte que invita a erigir lápidas.

El pecado es el olvido del pájaro, y la entronización de la jaula.

El pecado es querer apresar la felicidad, empaquetarla, ficharla, archivarla, guardarla, volverla piedra permanente. Eso es una lápida.

Elogio del andar

Elegirás la vida, reclaman las Escrituras. Harás la luz. Nuestra alma es un pájaro de canto incierto. Déjala cantar, y no le pongas notas, ni le confecciones pentagramas. Nada se sabe antes; cuando se sabe ya es después. El andar. El camino que se hace, se des-hace.

Seré el que seré, dijo Dios.

Serás el que serás, y el que no vuelve a ser, y el que fluye y bate alas sin destino prefijado. Ése es el destino de los que, mañana tras mañana, se despiertan preguntándose por el ascenso de un nuevo día.

Uno mismo es pregunta, expectativa.

EL ARPA DE SU DUEÑO OLVIDADA

De tanto saber me olvidé de vivir. Vivir es vibrar. Uno mismo es el arpa de su dueño olvidada, y el viento inesperado que la hace temblar, y las notas que se conjugan imprevistamente.

La prosa es pobre, y reclama de la poesía que la sostenga. Aparece Wordsworth y habla de lo lejos que venimos y lo corto que nos acortamos, presidiarios de recetas armadas, de corazas infalibles. Hasta que la luz no usada te sacude:

"Nuestro nacer no es sino un dormir y olvidar;
El alma que se eleva con nosotros, estrella de nuestra vida,
Tenía en otro lugar su sitio, y vino de lejos.
Ni en completo olvido, ni en total desnudez,
Sino como nubes con estela venimos
De Dios, que es nuestro hogar:
¡El cielo nos rodea durante la infancia!
Sombras de presidio empiezan a cerrarse sobre el muchacho que crece.
Pero él mira la luz ¡y cuando fluye la ve con alegría!..."

SUSTANTIVOS NO, VERBOS

La mismidad del uno mismo no es la del sustantivo sino la del verbo, la perpetua transición, la inagotable novedad.

El sustantivo es el presidio del que habla Wordswo definición. Esto es amor. Esto es bondad. Esto es lo b to es Dios. En Oriente enseñaban: "El que conoce conoce a Buda".

Conocer es definir, y Buda, como divinidad, radica en el infinito, en la negación de la lengua.

Fluir. Fruir del fluir. Son los intervalos entre los sustantivos, la desnudez entre el cambio de ropas. La vivencia en entusiasmo, palabra ésta que, en su origen griego, habla del estar poseído por lo divino.

Uno mismo, fuera de catálogo. Ex-cepcional. Para ti. El resto es presidio. O literatura, como acotaba Verlaine:

> "Buscamos el matiz débil,
> siempre matices, jamás el color,
> el matiz sólo logra desposar
> sueños con sueños, y el alma con música.
>
> ...Todo lo demás es literatura."

JAULAS Y PRISIONES

Hay que irse. No te ocupes de la jaula, ocúpate del pájaro. El pájaro es el alma que aletea para que le liberen las alas, se las despojen del peso de las ataduras que son petrificaciones, agua coagulada, tiempo muerto.

La jaula es todo aquello que te retiene, que no te deja crecer.

Y nada ajeno te retiene salvo tú mismo, tu propia ajenidad, tus rutinas santificadas.

La santidad no conoce rutinas. Nadie fue ayer ni irá hoy por el camino que me conduce a Dios, canta León Felipe. Y así vamos, y así andamos, moviéndonos entre soles y lunas, luces y espejos, para ir y para venir. Y si te detienes en un polo y ahí te quedas, estás produciendo la partición de la totalidad, la des-integración, y comienza a ser el mal.

Petrificados

El mal es el ser desintegrado, la parte arrancada al todo, este libro, este hombre, esta idea encerrados en la prisión de la devoción. Se tornan ídolos, y yo soy el ídolo de mis ídolos. Y los ídolos no respiran ni oyen ni ven, sino que están petrificados, y muertos.

¡Qué espectáculo fantasmagórico los árboles petrificados que vi en el Sur! Y medité: "Pensar que yo estoy lleno de ellos".

Y seguí meditando, ya que sentía la contradicción de aquellos seres que la piedra absorbió pero que tornó más bellos aún, mientras que la petrificación que habitaba en mí tenía el peso de la montaña y ninguna hermosura. Y me dije:

"El árbol cambia de categoría existencial. Antes era bello de árbol, ahora es bello de piedra. Dentro de mí, en cambio, residen piedras, ideas inmóviles, congeladas fórmulas sentimentales, que se disfrazan de vida y de florecimiento como si fueran árboles. Ese es el mal."

Y ya no supe si admiraba eso que veía porque lo admiraba, o porque la educación de árboles petrificados por dentro me ordenaba admirar esos árboles petrificados, por fuera.

Hablando de árboles, viene al caso este trozo de Kafka:

"Porque somos como troncos de árboles en la nieve. Aparentemente, sólo están apoyados en la superficie, y con un pequeño empellón se los desplazaría. No, es imposible, porque están firmemente unidos a la tierra. Pero atención, también esto es pura apariencia."

¿Qué significa entender?

Contaba el maestro Braslaver a sus discípulos:

—Caminaba un hombre sumido en sus anhelos cuando de pronto se le aparece, en plena ruta de tierra, entre árboles y matorrales, un lobo. Presa del pánico no sabe qué hacer. Desesperado toma el bastón y lo apunta hacia él como si fuera una escopeta.

Detrás de él venía otro hombre. Ve la escena. Toma la escopeta y le dispara al lobo, y éste cae.

El primer hombre observa la caída del lobo y entiende que el causante fue él, su bastón. Y aunque le parece extraño lo sucedido lo acepta, y sigue caminando, volviendo a sumirse en sus anhelos, en sus negocios. Ya lo sabe. Sabe causa y consecuencia.

El maestro hizo una pausa y luego continuó diciendo:

—Así pasamos por la vida, creyendo entender causas y consecuencias. En realidad el entendimiento es una red que lanzamos sobre la realidad para taparla, para no verla, para inventarnos un orden que nos deje dormir en paz. El que percibe la realidad percibe su maravilla, y nunca entiende qué movimiento de piezas motivó y movilizó ciertas consecuencias.

Pensar en esto, amigos, es pensar en Dios, en lo impensable. Creer es pensar, justamente, y no arribar jamás a respuesta alguna. Trabajo diario, día a día. Por eso decimos:

—Bendito sea Dios día a día.

DÍA A DÍA

Creer se cree día a día. Saber se sabe para siempre, se deposita la información en la gaveta o en caja fuerte, y ahí reposa inerte. Saber vivir es apoyarse en el saber y dar el salto a lo ignoto. Igual que amar. Sumergirse en el acontecimiento y aletear.

Uno mismo, sin otras consideraciones.

DEL ARTE DE ARRANCARSE LA FLECHA

Entre las enseñanzas del Buda encontramos este fragmento:

"Es, hermanos, como si un hombre fuese atravesado por

16

una flecha emponzoñada y sus amigos, compañeros y allegados llamaran a un cirujano y él dijera:

—No quiero que me saquen esta flecha mientras no conozca al hombre que me hirió, mientras no sepa si es de casta real o de casta sacerdotal, un ciudadano o un sirviente.

Oh, si el hombre que busca su bienestar pudiera arrancar esta flecha —esta flecha de lamentación, de dolor, y de pena."

El Buda ironiza aquí sobre la gente que quiere vivir según el saber. El dolor es la flecha, y no cabe indagar de dónde viene y de quién. Saberlo no mitigará el dolor. Suprimir la flecha es la única solución.

Un momento de decisión. Sin disquisiciones. Arrancarse la flecha, en la anécdota del Buda. O dejar que la flecha —la otra, la de Cupido— ingrese en tu pecho. Es la herida elegida, y ésa hace bien. Y no quieras saber más.

TODA BIOGRAFÍA ES UN CUENTO

Inspirado por el Buda fui a mi biblioteca y me encontré con este fragmento de *El libro del Tao*:

"Si alguien desea ganar el mundo y en ello se empeña, bien veo que no saldrá con su intento. El mundo, instrumento mágico, no se puede manejar. Si lo manejas fracasas, y lo pierdes si lo aferras. Las cosas, unas veces van delante y otras detrás; soplan suaves a veces, otras con violencia; a veces fuertes, a veces débiles…"

El que cuenta su biografía diciendo nací en tal lugar, recibí tal educación, luego quise tal cosa, después hice tal otra, cuenta una falsa historia. Toda biografía así narrada, en sucesión de acontecimientos relacionados entre sí en forma coherente y lógica, como si no pudiera ser de otra manera, como si uno fuera realmente el dueño de su vida, y lo que ha hecho fuera realmente consecuencia de uno, de ese sujeto que cree sujetar los acontecimientos y no toma conciencia de que ellos lo sujetan a él, toda biografía, insisto, que toma estas características es una reconstrucción fantasiosa y tal vez artística digna de encomio. Pero delirante, en fin.

Nunca supe qué quería

La verdad de mi biografía es que nunca supe qué quería, que siempre me encontré queriendo en ciertas circunstancias, que soy las sumas y las restas y las multiplicaciones de lo que fui, de lo que no fui, de lo que pude haber sido, de lo que dejé de ser, de lo que otros quisieron que fuera, de circunstancias, accidentes, imprevisiones, y de todo eso que se llama vida, vida de uno, uno mismo, y que en verdad es algo así como un frasco lleno de gránulos movedizos que ora te pintan una figura, ora otra, como las linternas mágicas de antaño.

La decisión es una locura

Uno mismo es sujeto en cuanto decide. Y decidir, enseñaba Kierkegaard, es una locura.

Entre los geniales momentos de Kafka figura este:

"Mi abuelo solía decir:

—La vida es asombrosamente corta. Ahora, en el recuerdo, se me aparece tan de un solo golpe que apenas puedo comprender cómo, por ejemplo, un joven pueda decidirse a cabalgar hasta el pueblo más próximo sin temer que —posibles accidentes aparte— ya el tiempo mismo de la vida que transcurre normal, feliz, pueda no alcanzar ni por mucho para semejante cabalgata."

Cualquier decisión, en efecto, puede ser refutada, paralizada, destruida por este razonamiento. La decisión es, por tanto, anti-racional. Una locura, al decir del filósofo danés ya citado.

Tienes que decidir el decidir. No se hace por consideraciones múltiples ni análisis geométricos. Es un impulso. Es un lanzarse al agua sin saber previamente cuán honda o tibia o gelatinosa es.

Jacques Derrida (*Fuera de ley*) lo dice de este modo: "La decisión no puede procurarse una información infinita y un saber sin límite acerca de las condiciones, las reglas o los imperativos hipotéticos que podrían justificarla. E incluso si se dispusiera de todo esto, incluso de todo el tiempo y los saberes necesarios al respecto, el momento de la decisión, en cuanto tal, lo que debe ser justo, debe ser siempre un momento finito, de urgencia y precipitación."

El instante de decisión, repito, es una locura. Una irracionalidad. Rompe las tramas de los saberes, las cadenas de la lógica deductiva e inductiva, los cálculos de provecho o de éxito, detiene esa movilización mental y se arroja al devenir en un acto de intervención en él mismo.

Así se enamora uno. Abriéndose al otro.

Así se compromete uno en una causa, en una empresa, en la realización de un valor. Tomándose y arrojándose. Jugándose.

JUGARSE

Amo ese verbo, "jugarse". El lenguaje popular suele ser profundamente sabio. La decisión es un apostarse azaroso. En ese momento, el de la decisión, eres poseído por la fe. Crear es creer. Creer es querer. Eso quiero y ahí voy. Me juego. La rueda de la fortuna, con el tiempo, dirá lo suyo.

Uno mismo se juega y se hace responsable por la caída de los dados y sus ulteriores efectos.

Uno mismo es un loco que cree. Loco y ético de su locura, de golpear con el remo el agua en la que no nos volveremos a bañar. Sin ser capaz de prever resultados, salvo la responsabilidad ética.

Pero si así decides, nunca podrás decir "elegí mal". En la vida se elige con autenticidad, y eso es en sí y por sí bueno. Lo demás será otro momento, de otro día, de otra persona, aunque tú y ella sean los mismos, según las respectivas cédulas de identidad.

EL CORAZÓN ES EL QUE ELIGE

En *El oso*, de William Faulkner, hay una serie de diálogos o monólogos cruzados acerca del destino humano, del saber que no es igual a la sabiduría, y del sector emocional de la persona.

Uno de los personajes divaga:

"—Hay muchas cosas que Él dice en el Libro (se refiere a Dios y a la Biblia. J. B.) y se Le atribuyen algunas cosas que Él no dijo. Y yo sé lo que tú dirás ahora: que si la verdad es una cosa para mí y otra para ti, ¿cómo haremos para elegir lo que es la verdad? Tú no necesitas elegir. El corazón ya lo sabe. Él no tiene Su Libro escrito para ser leído por los que deben elegir y seleccionar..."

En efecto, elegir es un lujo. Elegir es de los ricos de espíritu o de los ricos de cosas, de los ricos de teorías o de los ricos de enciclopedias, que meditan, y sopesan, y buscan causas y fantasean consecuencias, y revisan, y analizan, y luego tal vez eligen o no eligen nunca. Para ellos no fue escrito ese Libro.

"—... Sino para el corazón, no para los sabios de la tierra porque acaso ellos no lo necesitan, o acaso los sabios ya no tienen corazón, sino para los condenados y los humildes de la tierra que no pueden leer con otra cosa sino con el corazón..."

Para elegir con el corazón no se va a la escuela ni se sacan títulos en la universidad. Se arroja uno al océano, y sólo se arroja si alguna fe lo impele.

HA LLEGADO EL MOMENTO DE RESIGNARNOS: DEBEMOS SER HOMBRES

A continuación, les leo un fragmento del *Diario florentino*, de Rainer Maria Rilke:

"Hemos envejecido no solamente en años sino también en propósitos. Hemos ido hasta los confines del tiempo y miles de nosotros han hecho estremecer sus límites. Ha llegado el momento de resignarnos. Hemos reconocido el engaño de la prolongación indefinida de esta pálida primavera y nuestras manos marchitas prueban que los últimos muros son infranqueables, pero tampoco debemos enviar, por encima de ellos, nuestros pobres sueños como palomas llevando un ramo de olivo, pues no regresarían más. Debemos ser hombres."

Ser hombres. Saber de las limitaciones. Saber que lo que no construimos nosotros no está construido y es, por lo tanto, inútil emprender caminos de Santiago para buscarlo. El mapa depende del dibujo que hagas de tus caminos, que nunca son tuyos sino una inextricable trama de cruces de caminos con pinceladas de tu paleta aquí y acullá.

RECONSIDERACIÓN DEL MAPA

Caminamos por caminos que consideramos los principales, y junto a ellos, al costado, crecen caminitos, hierbas salvajes, y en las rotondas se nos cruzan otros caminos, y otra gente, y otros autos, y seguimos con la idea de que el camino es éste, el principal, y cuando revisamos la vida, miramos para atrás, contemplamos el puzzle, nos admiramos: nada de lo principal ha quedado como principal, y todo lo accesorio se ha vuelto de alguna manera principal.

¡Qué extraño!

Qué extraña aventura es esa en la que hay que esperar siempre al día de mañana, y mejor al de varios años más tarde, para contemplar el día de hoy y llegar a atisbar el significado de este día, de esta hora, en el contexto de mosaicos venecianos y arabescos sutiles que las vidas humanas vamos trazando en el cosmos inefable.

EL RÍO ES LO QUE VALE

Nunca sabes qué haces, por qué lo haces, para qué lo haces. Te declaras a ti mismo tus intenciones, es cierto; te enroscas en tus versos —versiones— y demás análisis para justificar tus acciones. Es una ilusión, ya que entre la premeditación y la realización, esta última es la que vale. Eso eres, la consecuencia impensable de tus intenciones jamás realizadas. Pero crees saber...

Pobreza de la conciencia humana, que se impone saber gallardamente, no por amor a la verdad, sino por amor a la seguridad; al cauce, no al río. Lo viviente, sin embargo, es el río. Y el cauce, aunque no lo quieras, se modifica con el río.

Uno mismo sabe que ha de aprender todos los días a dejar de saber, y a fruir el sabor que no se envasa ni lleva etiquetas ni figura en diccionarios.

Perfume y desvanecimiento. Apertura de poros al acecho de la eventual sensualidad.

PARA QUÉ SIRVE EL PISO 20 DE UN EDIFICIO

Cuando te busques contempla algo minúsculo, un mosquito, la hierba al costado del camino; o sube a un edificio de 20 pisos y desde la terraza mira hacia abajo. Ahí andas tú, fíjate. En esa corriente de gente corriendo detrás del correr, alcanzando metas momentáneas en pos de alguna extraña eternidad, de algún Everest que les aguarda, pobres.

Entre esas hormigas, piénsalo, estás tú, moviéndote, anhelante, sudoroso, porque hay que llegar, hay que conquistar, hay que trepar. Si algún día así, en plena marcha, detienes el movimiento, se te caen como telones de escenografía las metas, los objetivos, y ahí estás, uno mismo, en pleno existir. Cosmos en vibración. Guárdate de saber.

"Música porque sí, música vana,
como la vana música del grillo..."

cantaba nuestro poeta Conrado Nalé Roxlo.

LUZ NO USADA

Música. Vibración. El arpa de su dueño olvidada ahí está, en cada uno, a la espera del aire que la haga tremolar. Me estremezco, por lo tanto existo.

Fray Luis de León le dedicó al músico Salinas esta oda que nunca termina de embelesarme:

> "El aire se serena
> y viste de hermosura y luz no usada,
> Salinas, cuando suena
> la música extremada
> por vuestra sabia mano gobernada."

¿Te pasó alguna vez? ¿O es que *te pasó*, es decir, sucedió pero te pasó de largo, porque estabas demasiado ocupado con cosas importantes y planes en marcha? Suele ocurrir. Suele ocurrirme y luego el recuerdo me castiga por esa pérdida irremediable. Eso que pasó no volverá a pasar.

Luz no usada. Luz única, irrepetible. Luz que está fuera de la posibilidad del uso, que es la utilidad. Luz de darse a luz.

SALINAS CUANDO SUENA

La escuela enseña a leer; la vida, a releer. *El aire se serena*, dice el poeta. Uno mismo. Fuera del mundanal ruido y sus negocios. Sosiego. Se viste, el aire, de hermosura. Y más, se viste de luz no usada.

Esa frase me estremece, ésa sobre todo. Luz no usada. Hasta la luz suele ser usada, repetida, codificada, dogmatizada. Como ropa usada. En cambio la luz de la vivencia es *luz no usada*, irrepetible. Después viene la música. ¿Dónde está la música? En las letras. Presta atención: *Salinas, cuando suena*. Las eses del sonido.

Exaltación de la palabra que suena, que pierde sus significados corrientes y se torna sonido, que apela al arpa olvidada y la arrebata.

Esa música es extremada, está en el extremo de la sensibilidad pero al mismo tiempo es gobernada con sabia mano. Se requiere de sabiduría. No basta sentir. Sentir siente cualquiera, y los sones afectan a plantas y piedras. La sabia mano gobierna, porque ha cultivado particularmente su sensibilidad, y ya no siente lo que todos sienten, sino lo propio y absoluto. Goce.

Requiere sabiduría, sensualidad e inteligencia, porosidad y mente equilibrada.

No LAS TOQUES, POR FAVOR...

Otro poeta, de este siglo, Rainer Maria Rilke:

"Quiero siempre precaver y avisar: Permaneced distantes.
Me encanta oír cómo cantan las cosas.
Las tocáis y se vuelven mudas y rígidas;
vosotros me matáis todas las cosas."

Todo es vivencia en la medida en que uno mismo se arranca al afán de poner palabras, de aprisionar la experiencia con una etiqueta. Todo canta o podría cantar si se lo dejara, si se permaneciera distante, sin afán de conquista o atesoramiento.

Entonces viven, las cosas. Se las toca, y mueren. Y nosotros con ellas.

Riqueza es ambigüedad

Mundos cerrados. Cada cual embarcado en su botella, sellada, en el oleaje de la ciudad. Cada uno vive con la fantasía que puede. Cajitas dentro de cajitas. In-comunicación, le di-

24

cen. Es que las cosas se juntan, se enciman, se alinean pero no se comunican.

Para no ser cosa habría que ser verbo, acontecimiento, mudanza, inseguridad. En la teoría de la comunicación, cuanto más claro el mensaje, cuanto más comprensible, tanto menos dice, tanto más pobre es. Eso lo aprendí de Umberto Eco, que explica en *Apocalípticos e integrados*:

"Para conseguir un significado unívoco y preciso... introducirá en el mismo elementos de refuerzo, de reiteración..." El mensaje en esa repetición se cosifica y el otro lo recibe como un paquete, clarito, pero vacío casi. Nada tiene que entender. Viene entendido. Uno da, otro recibe.

La otra posibilidad es el mensaje ambiguo, poético, sin reiteración, sin redundancia, sin apelación a un código fijo y preestablecido. Entonces hay que abrir poros, oídos, sensibilidad. Entonces "debe —el que lo recibe— deducir el código no de conocimientos precedentes al mensaje, sino del contexto del propio mensaje".

Uno mismo es mundo abierto. Sin la presión de códigos previos. Nosotros, tú, yo, somos el mensaje. Nosotros, aquí y ahora, somos el código, y debemos vivirnos en este significado, único e inédito. Comunicación.

SI SOMOS DISTINTOS, ¿CÓMO NOS COMUNICAMOS?

Todo es relación, relación de dependencia, tanto física como significativamente. Esto es silla porque esto es mesa y aquello es bastón. Yo soy de mi hijo, de mi amigo, del portero, de mi madre, de la biblioteca, de la universidad, de esta hoja que estoy escribiendo. Y todo eso es de mí y de otros. Nos cruzamos, nos trenzamos, y finalmente de tanto ser nunca somos, en cuanto al ser que soñaba Parménides y que toda la filosofía posterior, erróneamente, anduvo buscando: aquello que permanece, esférico, idéntico, sin cambios.

Vivimos entre redes semánticas, y sólo la red es la que da sentido a cada uno de sus elementos o, mejor dicho, nudo de intersecciones de elementos que señalan los unos a los otros.

El hombre no es primero uno y después uno más uno, y después sociedad. Es sociedad de entrada. Nace y es dos, el bebé y su madre. Y luego será infinitas relaciones, que a su vez se vinculan unas con otras.

Por eso afirma Marvin Minsky (*La sociedad de la mente*) que en la sociedad "cada parte otorga sentido a las demás. Algunos conjuntos de pensamientos recuerdan mucho a cuerdas retorcidas, o paños tejidos, en los que cada hilo mantiene a los otros a la vez juntos y separados".

Eso es una melodía: sólo cuando se la des-compone y deja de ser melodía hay un do por aquí y un re por allá.

Ahora se plantea Minsky: "Si cada mente construye dentro de sí cosas ligeramente distintas, ¿cómo es posible que alguna mente se comunique con otra?"

La respuesta es que, en efecto, comunicación total no hay ni podrá haberla, dado que, insisto, cada cual confeccionó su melodía propia. Pero hay *grados* de comunicación que sirven para ligarnos, unirnos.

En la diferencia entre unos y otros está la melodía. Por eso me eres interesante, porque te conozco pero no te conozco. Este juego es para la eternidad, y es fascinante a la vez. En parte te conozco, y en parte he de adivinarte azarosamente. Como en la ruleta a veces se gana, a veces se pierde.

Tu imprevisibilidad te hace maravillosa.

"Por ese motivo, dice Minsky, casi siempre es errado buscar el verdadero significado de cualquier cosa." No está en la cosa el significado, sino en el contexto de sus relaciones.

Tampoco el yo puede, por tanto, ser sustantivado. Si lo es, se lo pierde, se lo congela y se lo mata. Es, uno mismo, la situación de su relación, de su contexto, de su circunstancia. Para percibir esa situación de luz no usada hay que vivir y cultivarse.

Cuanto menos te etiquetas, tanto más eres uno mismo, es decir ser libre, abierto a la vida y a sus interminables posibilidades.

LO MEJOR ES DEJAR DE SABER

Puesto que no somos, no sabemos. Porque el ideal del ser, de Parménides, era al unísono el ideal del saber, de la verdad única, definitiva e inamovible. El que sabe ahí reposa. Pero si no somos, si no nos bañamos dos veces en el mismo río, al decir de Heráclito, colega de la vereda opuesta de Parménides, para decirlo en latín *esse est fieri*: el ser consiste en ir haciéndose.

En consecuencia, *no ser* equivale a *no saber*. Sólo lo ya sido, y por tanto no viviente, desprovisto de futuro, es y se sabe qué es, mejor dicho, qué fue.

Y a mí me interesa ser. Por eso cuando me invitan a una conferencia les pido que no me reclamen el currículum vitae. Heme aquí, el real. El resto ya no está, fue, se fue, mientras que el que habla soy yo, uno mismo, uno que construye su vida con los demás, imprevisible y aventureramente.

No proponemos el no saber como postura metodológica, sino como vivencia de que todo lo sido ahora no es. Ahora es nunca-sido, y tú lo eres en la medida en que no practicas esa redundancia que te regala tranquilidad, pero te resta riqueza vital.

Eres parte de un contexto. Parte de otros. Como las piezas del puzzle. Mejor dicho, nadie sabe qué parte está siendo y haciéndose ser en el puzzle. Ni sé yo qué significa este momento de esta escritura y de estas memorias, mientras la tarde decae y los vientos movilizan árboles, antenas, mundos, universos, y ya no quiero huir a mi biblioteca, arrojo los libros, salgo urgentemente en busca de ti y te encuentro en tus labios, en tu piel, en tu cuerpo, y así sí, me parece a mí, que juntos estamos cultivando la trascendencia, y que el aroma que siga a esta vida será la conjunción de piezas del puzzle, así de complejo, así de refinado, así de embriagador, como la confusión de estos cuerpos que se ensamblan en busca de Dios, amor.

SI SE LE DIERA MÁS TIEMPO A LA MOSCA...

Releo el penúltimo capítulo de *Rojo y negro*, de Stendhal.

El protagonista, Julián, un joven enamorado y apasionado de su propia pasión, a pocas horas de su ejecución entiende que en ese instante, a pasos de la muerte, ha de plantearse grandes preguntas, las esenciales. Así le enseñaron, así lo practica. Hasta que de pronto despierta de sus reflejos condicionados impresos por la cultura y literatura de su tiempo y dice:

"Hablando conmigo mismo y a dos pasos de la muerte, sigo siendo hipócrita. ¡Oh siglo XIX!"

Logra arrancarse a esa hipocresía y toma conciencia de que la pregunta que debería hacerse no es la que le enseñaron, la que aparece en libros y manuales, sino muy otra. Así lo dice:

"Un cazador dispara un tiro en un bosque, cae su presa, y corre a recogerla. Sus botas tropiezan con un hormiguero de dos pies de altura, destruye el alojamiento de las hormigas y las dispersa, lo mismo que sus huevos... Las hormigas más filósofas nunca podrán comprender qué es ese cuerpo negro, inmenso, espantoso: la bota del cazador, que de pronto ha penetrado en su vivienda con una rapidez increíble, precedida de un ruido terrible y acompañada de chispas de un fuego rojo...

Así la muerte, la vida, la eternidad, serían cosas muy sencillas para quien tuviera órganos lo suficientemente grandes para poder concebirlas. Una mosca efímera nace a las nueve de la mañana en los largos días del verano, para morir a las cinco de la tarde, ¿cómo podría comprender la palabra *noche*? Dadle cinco horas de vida más y verá y comprenderá lo que es la noche."

LA VERDAD DE UN HOMBRE A UN PASO DE LA MUERTE

La mosca, en este punto, podría ser superior al hombre. El hombre viene engañándose desde remotas antigüedades con el cuento espantafantasmas según el cual somos *racionales*.

En verdad cabe afirmar que disponemos, entre otras facetas, de la racional. Pero, confiesa el racionalista Bertrand Russell con cierta melancolía, aun la razón funciona siempre y cuando la muevan causas extra-racionales. Esas causas se llaman *pasiones*, término en el que se involucra todo el universo sentimental, emotivo, afectivo que habita en nosotros, y desde lo más profundo —el inconsciente, según el amigo Sigmund— tira del yo y lo mueve como endeble títere.

Volviendo al personaje de Stendhal, Julián, el condenado a muerte, por más auténtico que sea, sabe que todo este meditar y este ahondar en el misterio del ser no es más que una postura aprendida. Si él tuviera unas horas más no sería para seguir pensando sino… para ir corriendo a los brazos de su amada. Es lo único que *realmente* le importa.

Si se le diera más tiempo a la mosca, captaría la verdad del universo, de la noche que sucede al día, es cierto. Si se le diera más tiempo al hombre, nunca tendría tiempo para el universo y para sus verdades, salvo para sus propias e inagotables contradicciones.

"¡Qué locura pensar en estos grandes problemas! —medita Julián—. En primer lugar, soy hipócrita como si alguien me estuviera escuchando. En segundo lugar, me olvido de vivir y de amar cuando me quedan tan pocos días de vida… ¡Ay, la señora de Renal está ausente! …Eso es lo que me aísla y no la ausencia de un Dios justo, bueno, omnipotente, no malo ni ávido de venganza… ¡Ah, si existiera! Caería a sus pies y le diría: ¡He merecido la muerte, pero, Dios grande, Dios bueno, Dios indulgente, devuélveme a la que amo!"

El gran problema de la existencia o inexistencia de Dios no es, para Julián, un tema que tenga que ver con el universo o el misterio de su propia existencia pronta a apagarse. Si existiera serviría para devolverle a Julián a la amada. Cualquier otra divagación, dice, es hipocresía, teatro, show de la profundidad. Es todo lo que quiere, lo que desea, lo que piensa *realmente*: la señora de Renal, en vivo, en directo, en cuerpo, en piel.

Lo demás es juego intelectual aprendido del resto de la gente que sabe cómo vestir, cómo sentarse a la mesa y comer dignamente, y cómo pensar en ciertas situaciones extremas. El río infernal de la costumbre, que decía San Agustín de Hipona.

LA LUCHA CON SERPIENTE

Así le rezo a Dios:

—¡Quítame a Serpiente, te lo ruego!

La tengo incrustada en el torrente sanguíneo, en el suspiro, en los ojos que se fruncen para ver más lejos.

Serpiente me promete, como Mefistófeles a Fausto, disfrutar, ser infinito. "Seréis como dioses", me susurra al oído. Y es una tentación espantosa. ¡Quítame a Serpiente, te lo ruego!

Porque bien sé que el fruto de Serpiente no es para la fruición, es para la fricción, y para la fracción. Árbol del saber. Ya lo tengo, no lo quiero en el centro de mi vida. Quiero al otro árbol, el que Serpiente no menciona, el de la vida, el del sabor. Serpiente quiere que sea yo un árbol que dé frutos, que produzca, que alcance metas, que atesore objetivos, que devore el mundo. Que haga carrera…

Tanto correr me fatiga, y me hace olvidar para qué corro. Quisiera detenerme. Uno mismo, uno que se detiene, que dice no corro más, me salgo de la carrera. Aunque sea por un rato. Pero es difícil, muy difícil.

El veneno de serpiente viene dentro del árbol del saber, el que produce el bien de la verdad, y el mal de la ansiedad, de la codicia, de la nefasta emoción que esa verdad te proporciona cuando aplastas a alguien que quedó por debajo de ella.

El poder.

Serpiente enseña el saber del poder. Poder saber es un poder supremo. ¿Qué importa qué características toma la superioridad?

—Seréis como dioses —dijo Serpiente.

Superiores. No como Dios, sino como dioses, luchando por parcelas, fracciones de superioridad y fricciones para sobresalir. Soberbia.

No importa cómo, dónde. Serpiente es amplia de espíritu. No establece jurisdicciones ni metodologías.

Lo vengo practicando desde que nací. Es lo que te enseñan, te inoculan, la savia de trepar a algún olimpo. Primero uno se deja llevar, y trepa, se divierte. Después descubre, en plena ladera escarpada, que nadie lo espera arriba, y esa soledad lo desgarra.

Es tiempo de ser. Simplemente. No de ganar ni de ganarle a nadie. Ganar, en cambio, el minuto, el momento, el estallido de lo imprevisto. Te llena de ráfagas luminosas, que te traspasan y se van. Pero el resplandor queda, y la espera.

CÁSCARAS

El hombre auténtico abre los ojos, rompe las cáscaras que envuelven su visión de la realidad, y ve, se contacta directamente con el ser de cada ser. Desde su puesto en el mundo. Sin currículum vitae. Sin títulos, desde el puesto en el mundo, digo, no el puesto en la sociedad.

Entonces des-cubre al mundo, lo re-vela, le quita el velo de lo consabido, y lo hace ser en su vibrante realidad, como parte de un universo, como realización del Verbo, como estrella de un firmamento. Eso es el milagro. Ver lo que generalmente no se ve, oír la voz que está, pero que no se capta, porque uno crece en la educación de percibir tan sólo las voces prefabricadas que otros nos venden o nos imponen.

El hombre se torna socio de Dios en la tarea de recrear el mundo, renovarlo, rehacerlo, al devolverle su ser primigenio, y quitarle los etiquetamientos de la cultura.

No hay milagros que sucedan afuera. Todos, cuando se dan, ocurren en tus ojos, en los poros de tu piel, en la conversión de tu sensibilidad, en la apertura del oído, en el deslumbramiento de los ojos, del tacto.

Eso es re-crear. Eso es liberar a la realidad de sus ropajes y de sus prisiones conceptuales y rescatar la luz reprimida entre las cáscaras.

CAPÍTULO II

EL ARTE DE APRENDER

Cómo nadar con una tonelada de repollo encima

—Quiero aprender a nadar —expresó el alumno.

—¿Qué arreglos quieres hacer para conseguirlo? —preguntó el maestro.

—Nada, sólo deseo llevar en mi travesía mi tonelada de repollo —dijo el aprendiz de sabio.

—¿Qué repollo? —se admiró el hombre mayor.

—Es la comida que necesitaré cuando llegue al otro lado del río —respondió el muchacho.

—¡Pero si hay otras comidas al otro lado del río! —dijo el maestro, asombrado.

—No sé qué quieres decir —se exasperó el alumno—. Tengo que llevar mi repollo para estar seguro. No puedo confiar.

—Pero así no aprenderás a nadar, ya que no podrás nadar con una carga de repollo encima de tu persona —explicó el hombre de barba rala.

—Entonces no puedo aprender, y lo acepto. Eso que llamas carga, yo lo denomino alimento para la supervivencia.

Aprender es des-prenderse

Esta fábula la recogí de *El árbol del conocimiento*, de Humberto Maturana.

¿A qué alude? A que nos cuesta vivir, andar, conocer, experimentar, ya que cargamos con toneladas de repollos, mejor dicho, de ideas que pueblan nuestro cerebro e inundan la sangre, y a ellas estamos aferrados como si fueran creencias absolutas. Eso impide vivir, crecer.

El yo quiere seguridad: más vale repollo en mano que cien volando. Pero eso implica que no puedas moverte. Más vale —responderán— no moverse, y estar seguros.

Aprender es ante todo des-aprender. Des-prenderse de aquello aprendido que te tiene prendido como el alfiler a la mariposa. Es un sacrificio. Es un riesgo abandonar la costa segura por otra des-conocida. Pero el riesgo deja de ser riesgo si uno, uno mismo, se sustrae a ese ideal de seguridad que paraliza, y está dispuesto —para seguir con la fábula— a cambiar de alimento, a predisponerse para alimentos insólitos.

Y sin embargo, vale la pena, créanme.

LA FLOR AZUL

No estoy hecho de otra madera que el resto de los humanos. Me cuesta viajar, me molesta abandonar mi casa, mi biblioteca, mis cercos de seguridad, mi familia. Me obligo a aceptar, sin embargo, compromisos que me arrancan de esa tibieza. Otros ojos, otra gente, otro paisaje aguardan.

Si lo decides, es un encuentro. El que el encuentro sea encuentro lo decide uno mismo, en cuanto está dispuesto a salirse del programa —la tonelada de repollo— que lleva dentro.

Y nunca termino de asombrarme cuando en la otra costa aparece la flor azul de Novalis, el misterio inesperado, la sincronicidad jamás soñada.

Vuelvo luego a mi seguridad, a mis prisiones, pero nutrido de nuevas savias. Para cultivar nuevas esperanzas de encuentro con lo nuevo, con lo inédito, con uno mismo.

También las prisiones deben ser remozadas.

¿ES GRANDE EL ELEFANTE?

J. D. Salinger, en uno de sus *Nueve cuentos*, trata el tema de la educación: cuál sería la mejor metodología a aplicar para el crecimiento humano.

Teddy, uno de los interlocutores, sostiene:

"Creo que primero reuniría a todos los niños y les enseñaría a meditar. Trataría de enseñarles a descubrir quiénes son, y no simplemente cómo se llaman y todas esas cosas… Pero antes, todavía, creo que les haría olvidar todo lo que les han dicho sus padres y todos los demás. Quiero decir, aunque los padres les hubieran dicho que un elefante es grande yo les sacaría eso de la cabeza. Un elefante es grande sólo cuando está al lado de otra cosa, un perro, o una señora, por ejemplo. Ni siquiera les diría que un elefante tiene trompa. Cuando más les mostraría un elefante… Lo mismo haría con la hierba… Ni siquiera les diría que la hierba es verde."

TE CUENTO ALGO TERRIBLE QUE ME PASÓ UNA VEZ Y ME SIGUE PASANDO

—¿Es grande el elefante?
—¿Es verde la hierba?
—¿Es maravillosa *La Gioconda*?
—¿Es genial Borges?

En el citado párrafo de Salinger se pone de relieve cuánta estupidez hay en nuestras frases armadas, en nuestros conceptos rutinizados, y esa estupidez se transmite de generación en generación. Es inevitable. Es el camino de la cultura. Pero de tiempo en tiempo podría ser evitable si uno se propusiera aplicar el pensamiento crítico, y al modo de Descartes, poner en duda todo lo recibido, absorbido, dado por santo e intocable.

Mi rebelión consiste en haberme dado cuenta de que cuando voy a París y visito el Louvre *no veo nada de lo que veo*. Hago mi rutina, y me voy recitando interiormente, para consolarme de que algo culto soy, y sentirme bien:

—Ésta es *La victoria de Samotracia*.
—Éste es un Goya, aunque no me acuerdo su nombre.
—Ése es Renacimiento puro, diría que un Rafael.
—Ese Modigliani, ¡qué maravilla!
—Ese Dalí, con el reloj ése que siempre se derrite.

Y me voy, contento conmigo mismo, no con el Museo.

Hasta que un día —y eso nos pasó en Nueva York, en una enorme muestra de Picasso en el Museo de Arte Moderno—, pagué la entrada, ingresé, vi las famosas *Demoiselles d'Avignon*, recité interiormente su nombre, consideré que debía emocionarme, pero no lo logré, y entonces me fui, arrastrando a mi esposa detras de mí, pobrecita, que no entendía nada.

—Es que no veía nada —le expliqué.

¿Usted tendría la piedad de entenderme?

LO MÁS VALIOSO, LO MÁS ODIOSO

En el Talmud se registra esta breve historia: Un hombre, un extranjero, llegó a Jerusalem y se preguntó cómo serían los niños que nacen y crecen en esa ciudad santificada por las tres religiones monoteístas.

Decidió ponerlos a prueba. Vio pasar a un muchachito y le dijo:

—Toma un ciclo de plata y ve a comprar con ese dinero lo más valioso del mundo.

El chico lo miró, primero con asombro, luego con curiosidad, pensó unos segundos, tomó la plata y se fue.

Al rato regresó con un paquete en la mano. Abrieron el paquete, y dentro de él había una lengua de vaca.

—¿Por qué compraste esto? —preguntó el experimentador.

—Porque es lo más valioso del mundo, como tú pediste. Sin lengua no podemos comunicarnos ni podríamos existir ni habría libros como la Biblia, y seríamos simplemente animales.

El hombre se admiró. Lo besó en la frente. Y volvió a darle otro ciclo de plata.

—Ahora —le dijo— irás y comprarás lo más odioso del mundo.

El niño no hesitó. Tomó la moneda y salió corriendo. Al rato regresó con otro paquete.

¿Qué había en el paquete? Lengua.

—¿Otra vez lengua? —preguntó asombrado el señor.

—Es lo más odioso del mundo. Ella provoca los conflictos, los odios, y de los odios vienen las muertes, las persecuciones, los mayores males.

El hombre le dio una vez más un beso en la frente y le regaló dos ciclos de plata.

PALABRAS, PALABRAS

Lengua. Palabras. Algunas dan vida, otras dan muerte. Sin ellas no podemos existir. Con ellas, ¡qué duro es coexistir! Incomprensión e incomunicación son los dos grandes signos de la era del progreso tecnológico. A las cosas les va bien, a los hombres no tanto. Hablan pero no se entienden. Entienden, sin embargo, las palabras. ¿Qué es lo que no entienden? A qué se refieren las palabras.

Cada uno les presta otro significado, otra referencia. Además el ensimismamiento del uno y la incapacidad de escucha del otro complican el panorama de las relaciones humanas.

Se hace difícil comunicarse. Se hace complicado amar.

UN CUENTO DE AMOR

Vayamos a la realidad. Es decir al cuento que nos contamos de la realidad. Para eso, nada mejor que la buena literatura. En este caso, un relato cuyo título ya lo dice casi todo acerca del decir: *De qué hablamos cuando hablamos de amor*, de Raymond Carver.

Un grupo de amigos se reúnen. Beben, comen, hablan. Una situación común, nada extraordinaria.

"Estaba hablando mi amigo Mel McGinnis. Mel McGinnis es cardiólogo, y eso le da a veces derecho a hacerlo.

Estábamos los cuatro sentados a la mesa de la cocina de su casa, bebiendo ginebra. El sol, que entraba por el ventanal de detrás del fregadero, inundaba la cocina. Estábamos Mel y yo y su segunda mujer, Teresa —la llamábamos Terri—, y Laura, mi mujer."

El tema será el amor. Verterán sus distintas opiniones, experiencias, definiciones. Teresa es la que habla a continuación:

"Terri dijo que el hombre con quien vivía antes de vivir con Mel la quería tanto que había intentado matarla. Luego continuó:

—Una noche me dio una paliza. Me arrastró por toda la sala tirando de mis tobillos. Y me decía una y otra vez: 'Te quiero, te quiero, zorra'. Y mi cabeza no paraba de golpear contra las cosas. —Terri nos miró. —¿Qué se puede hacer con un amor así?"

¿LA PALABRA "AMOR" ES LA QUE MÁS NOS UNE?

Nadie duda de la existencia del amor. Y de que el amor se llama así, amor.

Claro que cuando se ejemplifica, y se traen los casos de la realidad, todos bajo el rótulo de la palabra *amor*, el desacuerdo crece. Porque cuando preguntamos qué significa tal palabra, no hablamos de cómo la explicaría el diccionario sino de cómo la explica la vida, los actos de la vida, es decir "cómo se hace" o "qué se hace" para lograr eso que se llama *mesa* o *alegría* o *amor*.

Un hombre amaba a Terri y le pegaba. O le pegaba mientras la amaba. A Terri no le cabe duda alguna del amor que había entre ellos. Pero tiene que integrar la paliza dentro de ese concepto amoroso. Mel reacciona y responde:

"—Dios mío, no seas boba. Eso no es amor, y tú lo sabes —dijo Mel—. No sé cómo podríamos llamarlo, pero estoy seguro de que no debemos llamarlo amor.

—Tú dirás lo que quieras, pero sé que era amor —protestó Terri—. Puede sonarte a disparate, pero es verdad. La gente es diferente, Mel. Algunas veces actuaba como un loco, es cierto. Lo admito. Pero me amaba. A su modo, quizá, pero me amaba. En todo aquello había amor, Mel. No digas que no."

CADA CUAL TIENE SU MODO

A su modo. Cada cual tiene su modo. La palabra es una sola, *amor*. ¿A qué se refiere? A que uno le diga al otro "te amo". Las palabras son autosuficientes, valen por sí mismas.

A Terri su novio le *decía* que la amaba. La golpeaba, la azotaba, y ese era su modo de amar. Valían por encima de todo las palabras y la fe de ella en esas palabras, ya que las palabras representaban los sentimientos.

Nuestro mundo, tan descreído, sin embargo tiene sus creencias: la palabra representa el sentimiento, y el sentimiento ¿cómo se verifica? A través de la palabra. El círculo es perfecto. Yo te digo lo que siento, afirma el sujeto. Y el otro se derrama, a su vez, en el sentimiento de saberse querido/a. No puede evitar el conflicto con esa otra realidad que es la de los actos, la de la conducta, la visible, palpable, la que no tiene que ser creída sino simplemente registrada.

Terri pelea entre dos versiones: una, la de las palabras recibidas; otra, la de los golpes recibidos. Ganan las palabras, y Terri está un poco triste pero es, finalmente, feliz.

Leamos a continuación:

"Mel se puso las manos en la nuca e inclinó la silla hacia atrás.

—Supongo que soy como Terri a este respecto. Como Terri y Ed. —Se quedó pensando en ello y luego continuó: —Hubo un tiempo en que creí que amaba a mi ex mujer más que a la propia vida. Pero ahora la aborrezco. De verdad. ¿Cómo se explica eso? ¿Qué ha sido de aquel amor? Qué ha sido de él, eso es lo que quisiera yo saber. Me gustaría que alguien pudiera decírmelo."

Ahora Mel está casado con Terri. Y habla. Asocia ideas, amores, espontáneamente. La vida es un diván. Hablar es bueno, nos dijeron. Y hablamos. Lo que nos venga en mente. Nos dijeron que es saludable, y hablamos. Nos dijeron que nos sentiremos mejor, y hablamos, aunque después nos sentimos peor. Hablar, deshacerse en palabras con conexión o sin ella, es la ley de los tiempos corrientes.

Mel cuenta:

"Terri y yo llevamos juntos cinco años, y casados cuatro. Y lo terrible, lo terrible, aunque también lo bueno, la gracia salvadora, podríamos decir, es que si algo nos pasara a alguno de nosotros, perdonadme que lo diga, si algo nos pasara a alguno de nosotros mañana, creo que el otro, la otra persona, lo pasaría mal una temporada, entendéis, pero, luego, el que sobreviviese saldría y volvería a amar, tendría a alguien muy pronto. Y todo esto, todo el amor del que hablamos no sería sino un recuerdo. Y puede que ni siquiera un recuerdo. ¿Me equivoco?"

Palabras. Palabras sobre palabras. El primer amor, el primer dolor. Son de palabra. Y los que vengan. Palabras que uno aprende a decir en ciertas ocasiones, y puesto que uno cree que las ocasiones se repiten, también repite las palabras.

Se equivoca únicamente la primera vez.

LAS PALABRAS Y LAS COSAS

El tema no es nuevo. Desde que el hombre se hizo hombre a través de la lengua el otro se especializó en no escucharlo, o en escucharlo a su gusto y placer. De modo que no asombra que el tema ya fuera vislumbrado por Jonathan Swift en *Los viajes de Gulliver*:

"Puesto que las palabras no son sino nombres de *cosas*, sería bastante más cómodo que cada uno llevara consigo las *cosas* que le sirven para expresar los asuntos de los que pretende hablar... Muchos de entre los más cultos y sabios han adoptado el nuevo sistema de expresarse mediante las cosas; el único inconveniente es que, si hay que tratar de asuntos complejos y de índole diversa, uno se ve obligado a llevar encima una gran carga de objetos, a menos que pueda permitirse el lujo de que dos robustos servidores se los lleven... Otra gran ventaja que ofrece este invento es que puede utilizarse como lenguaje universal que puede ser comprendido en todas las naciones civilizadas..."

En qué consistiría una buena educación

En la filosofía de mediados del siglo XX progresivamente se fue tomando conciencia de la incidencia del discurso humano en el ser y en el quehacer. El babelismo espiritual nos caracteriza. Nos gusta hablar, y sobre todo nos fascina interpretar, y cada cual —sobre todo si es argentino— guarda en sus genes tendencias freudianas de hermenéutica y de diván para las palabras del prójimo.

Y no nos va bien. Lo más valioso —como en la historia citada— se acentúa como lo más odioso.

El biólogo y pensador Henri Laborit, en su libro *Del sol al hombre*, escribe al respecto:

"De ahí, creemos nosotros, el interés de una educación de la conciencia en primer lugar. Hay que enseñar a cada hombre el peligro del lenguaje. Una educación semántica precoz debería estar asegurada desde la infancia a todas las capas sociales. Cuando los hombres hayan comprendido que la palabra no es el objeto, cuando hayan comprendido que abstracciones como *libertad* o *democracia* u otros slogans no son sino palabras, que cada hombre llena de un valor afectivo diferente, que cada civilización, que cada grupo humano, cada hombre tiene su noción de libertad o de democracia... no habrá inteligencia entre los hombres, habrán dado un gran paso."

La palabra no es el objeto, dice Laborit. Salirse de esa confusión nos costaría mucho. Preferimos la fantasía de la hechicería, de creer que porque decimos "amor por encima de todas las cosas, eso necesitamos", ya hemos salvado el mundo.

En el colmo del racionalismo, notablemente, brota lo irracional de confiar en que el ser es la palabra que pronuncia, y que esa palabra es la realidad que está enunciando, y que decir "todos los hombres son iguales y merecen pan y techo y educación" *ya es democracia e idealismo patriótico y salvación humanista*.

Da vergüenza, casi, enunciar lo dicho por Laborit e insistir: la palabra no es el objeto, y el hombre no es lo que dice que el hombre es.

Hay que re-aprender lo obvio, aquello que fue borroneado gracias a las grandes frases apoteóticas que cargamos en la sangre y que nos impiden nadar, y por tanto nos hunden, como los repollos aquéllos del sujeto mencionado páginas atrás.

PEREGRINA IDEA: UNO MÁS UNO NO ES IGUAL A DOS

Comenta Laborit: "Cuando se haya enseñado a los niños, a todos los niños, que 1 y 1 no son 2 sino para facilitar nuestra vida diaria, pero que 1 no existe sino como caso particular de un conjunto, que 1 no existe fuera del hombre que lo concibe y que querer añadir 1 a 1 es algo impensable puesto que dos objetos idénticos no existen; cuando todos los niños del mundo hayan comprendido que el espíritu humano sólo puede aprehender analogías de estructuras, cuando vivan realmente la relatividad de todas las cosas, entonces quizás el sectarismo y el asesinato y la explotación del hombre por el hombre desaparezcan de nuestro planeta."

SI TE DICEN...

Hubo, en la historia de Occidente, intentos varios de revoluciones distintas, para mejorar la condición de la existencia humana. Algo falló en todos ellos.

Falta intentar una revolución que no requiera de armas, ni gritos, ni banderas.

—Nada se modificará mientras se sigan usando las mismas palabras.

Hay un solo modo de combatir los sistemas cerrados y a los ídolos-padres-hermanos-amorosos que en todo momento apuntan desde diversos ángulos sobre tu cabeza: rechazar su lenguaje. Borrar del diccionario vital los vocablos que aluden a la radiografía, al mundo interior, al sueño utópico, al gran anhelo y final redención.

Si te dicen *el hombre*, pregunta cuál.
Si te dicen *el alma,* pregunta dónde.
Si te dicen *libertad*, reclama un ejemplo concreto.
Si te dicen *amor*, pide un modelo de vida que lo concretice.

Las palabras que otrora expresaban altas ideas hoy están vacías. Hay que re-llenarlas de significado, y publicitar ese relleno. O simplemente abandonarlas.

Hagan un ejercicio, una especie de juego simpático: prescindir de una serie de palabras que son de confusa interpretación. Al principio probablemente habrá muchos silencios. Son terapéuticos, me enseñó mi analista.

La decepción de las grandes palabras

Nos encontramos con pequeños infiernos del siglo XX, tan bien inaugurado por el colmo de la expresión literaria, el *Ulises* de James Joyce, donde Stephen llega a decir, replicando a alguien que le habla de generosidad y de justicia:

"Me dan miedo esas grandes palabras que nos hacen tan infelices. Se fueron los grandes pero quedaron las grandes palabras."

Mensajes grandes para hombres chicos. Declaraciones enfáticas que al desvirtuarse en su roce con la realidad, se evaporan y dejan el vacío de la decepción.

Por eso, considera Stephen, las grandes palabras nos hacen tan infelices. Prometen mucho mientras logramos poco, muy poco. Sin las grandes palabras tal vez estaríamos más en consonancia con lo que realmente somos, hacemos, vivimos.

Uno mismo es la situación en que uno logra desgarrar la malla de palabras que lo tiene hechizado, y enfrentarse con eso que le está ocurriendo por esta única, primera y última vez.

¿En qué consistía la tragedia de Romeo y Julieta?

¿Por qué fue tan trágico el amor entre Romeo y Julieta? ¿Porque pertenecían a familias enemigas? ¿Y qué son familias enemigas? Estructuras de palabras que no coinciden entre sí. Shakespeare le hace decir a Julieta, hablándole a Romeo:

"Tú no eres mi enemigo; lo es tu nombre, tu nombre solo. Tú eres tú y no eres un Montesco. ¿Qué es un Montesco? Esos brazos, esa cabeza, esos cabellos no componen un Montesco... todo eso te compone a ti... ¡Cambia de nombre, un nombre no es nada! Demos a una rosa otro nombre, y no por ello dejará de agradarnos; su perfume no será por eso menos suave... ¡Borra tu nombre, oh Romeo, ese nombre, que no es nada, ese nombre no constituye tu ser!"

Este hombre único, incomparable

La vida no es concepto. El hombre no es abstracción. Ni tenemos naturaleza ni tenemos historia, como querría Ortega. Tenemos relatos. Sólo nuestros respectivos relatos. Biografía. La historia es de los Estados, que son las abstracciones y los mitos correlacionados en términos de tradición, cultura, que, a su vez, son encadenamientos de reflejos que las generaciones inculcan a las generaciones.

El hombre es este hombre, biografía que es sucesión de acontecimientos ocurridos u ocurrencias de acontecimientos, sucesos que se suceden. El hombre es este hombre nacido por voluntad ajena y muerto por absurda muerte, libre para elegir el hilo conductor que borde el significado o el sentido de lo sucedente y sucedido.

Piaget puede predecir las etapas concatenadas en el pensamiento de los hombres. Pero ignora a Iván Illich, a mí, a ti, a él, al único hombre, a este hombre del *Dasein*.

Este hombre, éste que es uno, incomparable con cualquier otro uno, no sumable, no multiplicable, no etiquetable, se cae de todos los moldes. La filosofía lo ignora, la historia lo desconoce, la psicología lo elude.

Solamente las artes representan al hombre éste. Porque no demuestran nada. Apenas muestran. Un cuadro, un cuento, una pieza teatral, apresan al individuo en su cualidad diferencial. Ahí está el lugar común y el *ou-topos*, el ningún lugar, el lugar del ser-diferente que di-verge de la convergencia objetiva de los signos reinantes en la sociedad y de todas sus flechas que marcan las direcciones de movimiento, pensamiento, sentimiento.

El hombre como todos los hombres. El hombre homogeneizado y sin embargo con raptos de propiedad, *con destellos de uno mismo*, ése es el protagonista en el orbe de las artes. El pintor muestra a este único ejemplar de la humanidad. Y cuanto más único es en la pintura, tanto más arte hay en esa obra.

LA PERSONA Y LA PERSONALIDAD

La razón, en cambio, produce epistemología, lógica, teoría del conocimiento, pero no hombres reales. Bien lo decía Schelling en *Sobre la esencia de la libertad humana*: "Por elevada que coloquemos la razón, no creemos, por ejemplo, que nadie por pura razón sea virtuoso o héroe. Sólo en la personalidad hay vida; y toda personalidad descansa sobre un fundamento oscuro que, por lo tanto, debe, sin duda, ser también fundamento del conocimiento."

Ese fundamento oscuro no es la sin-razón ni el misterio del inconsciente que el romántico Schelling gusta de acariciar. Es meramente el resto del hombre, aquello que la abstracción deja de lado porque no se deja abstraer, y es este hombre con este dolor, con este beso, de esta madre, con esta muerte a cuestas. Esa *mélange* que Schelling denomina "personalidad".

El humanismo reconoce a la persona pero desconoce a la personalidad. Fija su mirada en lo universal científico y deja de ver lo particular ab-surdo. Sólo un hombre robotizado podría llegar a pensar objetivamente, negándose totalmente a sí mismo, interioridad, pasiones, tendencias, preferencias.

Yo no soy el mundo, pero hago el mundo a imagen y seme-
janza de mis posibilidades neurológicas, y de mis posibilidades generacionales, culturales, históricas que me tienen atrapado.

ELOGIO DE LA DIFERENCIA

Los últimos científicos son los que, precisamente, rescatan la
subjetividad como elemento inalienable. Esta subjetividad, a
su vez, no es, sino que es lo que está siendo, sus contradicciones, sus impotencias, sus delirios, sus éxtasis, sus cambios, sus
fases lunares.

"¿De qué serviría que hubiera otras personas, si todos fuéramos idénticos?", se pregunta Marvin Minsky.

En el desnivel de las personalidades se produce el oleaje
comunicativo, que es aprendizaje integrativo del no yo en el
yo. Yo soy el otro distinto. Y yo soy mi otro distinto.

Ese fundamento oscuro que el romántico Schelling encontraba en la personalidad es la colección de residuos que me
componen y que restan fuera de toda sistematización lógica y,
por tanto, de una interrelación semántica definitiva, objetiva.
Comprender y no comprender al otro, dice Minsky, es lo más
hermoso que puede pasarnos: es presencia y ausencia, riqueza y carencia y, por lo tanto, interés, suspenso. Así como no
comprenderse es indicador de que uno realmente es algo mis-
mo-propio, porque no es el mismo ni coincide consigo mismo.

De nada serviría que todos fuéramos idénticos. El mundo
sería una tabla rasa de desesperaciones si cada uno fuera idéntico a sí mismo. En palabras de Minsky: "¡La situación es la
misma dentro de nuestra mente, ya que ni siquiera nosotros
mismos podemos saber nunca con precisión qué es lo que nosotros queremos decir!". Gran suerte, dice el autor, porque
"¡cuán inútil sería todo pensamiento, si después nuestra mente retornara exactamente al mismo estado!" (*La sociedad de la
mente.*)

LA GENTE PIENSA QUE PIENSA

La teoría del significado, la cibernética, y el análisis de la comunicación ponen de relieve los diversos contextos dentro de los cuales un texto adquiere significado, este significado, que es uno de tantos significados posibles.

Volviendo a Minsky: "El secreto de lo que algo significa se encuentra en el modo en que lo hemos vinculado con todas las demás cosas que conocemos. Por ese motivo, casi siempre es errado buscar el 'verdadero significado' de cualquier cosa. Algo que tiene sólo un significado, carece prácticamente de todo sentido."

El significado único de algo es la vía muerta, el significado acabado y por tanto sin sentido. Las piezas móviles de la maquinaria vital deben conservar su movilidad, su flexibilidad, si pretendemos preservar algún atisbo de autenticidad.

Desde luego, la República, la Sociedad Organizada, requiere significados coagulados en figuras definitivas y eternas. O, a lo sumo, autoriza alternativas bien codificadas como derecha-izquierda, capitalismo-marxismo, materialismo-imperialismo, azules-colorados, erotismo-pornografía, autoritarismo-democracia, para que la gente piense con dados cargados y crea, realmente, que está pensando.

DESDE LA CUNA HASTA LA TUMBA

Uno de los grandes promotores de la semiótica, "ciencia de los signos", como ciencia humana fundamental, Charles Morris, nos ve enmarañados en la madeja de los signos, significantes volátiles y significados prefabricados que se nos adhieren parasitariamente al alma no bien aparecemos en el trauma del nacimiento:

"Desde la cuna hasta la tumba, desde que se levanta hasta que se acuesta, el individuo de hoy se halla rodeado por una interminable red de signos, mediante los cuales procuran los demás adelantar sus propios objetivos. Se le indica lo que ha de creer, lo que debe aprobar o desaprobar, lo que debe hacer o evitar. Si no se pone en guardia, se transforma en un verdadero robot manipulado por signos, pasivo en sus creencias, sus valoraciones, sus actividades." (*Signos, lenguaje y conducta.*)

Son los signos anquilosados los que nos robotizan. Son los grandes antagonismos y cuestionamientos prefijados por la escolástica del falso humanismo, los que nos dominan. Las palabras vagas, que sirven tanto para salvar como para matar, no pueden ser refutadas. Encandilan, inspiran, envenenan. Condenan. Encadenan. Todos dicen "Dios", pero unos entienden que se trata de un ser protector que se ocupa de la vida de cada uno, y sobre todo de su salud, y más sobre todo de sus negocios; otros interpretan que es el ser que ha elegido a los que viven en esta vereda y por lo tanto los elegidos tienen por misión exterminar a los de la vereda de enfrente, porque son malos y profanan a Dios; otros conocen con precisión de reloj digital qué quiere Dios a cada instante, y en nombre de ese saber arman inquisiciones, o castigan a sus hijos, o construyen enormes templos, o convocan gente para que abandone sus hogares y los siga a ellos, a los iluminados...

No ASPIRES A LA LIBERACIÓN TOTAL

La liberación es imposible. Rostros de corderos humildes desde la pantalla televisiva te invitan al amor, y luego te dicen dónde queda el amor, en qué parroquia, y luego te dirán cuánto cuesta, y lavan cerebros, de a miles, y la gente llora de felicidad, de amor, y de decepción ulterior. Palabras. Fetiches. Banderas. Todas, todas, son de guerra. ¿Liberarse? ¿Cambiar de bandera? ¿A cuál te acogerás?

El campo de lo posible es el del signo propio, la variable personal que se mantenga fiel a cierta dosis mínima de variabilidad, de iconoclastia, de inconformismo. Una especial capacidad a desarrollar, a educar para torcer flechas, para distorsionar carteles indicadores.

EL SER ABIERTO

Uno mismo es el hombre abierto. O el que practica la capacidad de abrirse. Su apertura se deja inspirar por todas las posibilidades de la experiencia. Desde aquí, la vivencia, el momento, la maravilla del acontecimiento, desde aquí y ahora, desde este ser nuevo e inédito es que se percibe la Creación y lo divino, lo religioso. Ligarse al resto de los seres no puede ser una postura racional, una idea; ha de ser la presencia de una emoción del macrocosmos revelándose, aquí y ahora, en este microcosmos que soy, que somos.

Pero para ligar-*se* y *re*-ligarse, hay que *des*-ligarse. Despojarse de ropajes, santidades petrificadas, palabras endiosadas. Scheler decía que hay que cambiar a Dios por monedas chicas. Que el templo esté en la vida.

Vida de amor. Sólo así puede uno re-ligarse, sólo quitándose las corazas del tener, del creerse, de la soberbia y de los títulos sociales y otros ornamentos. Apertura de desnudez.

Estaban ambos desnudos, Adán y su esposa, y no se avergonzaban.

Cuando eso ocurre, ocurre el Paraíso.

CAPÍTULO III

UNO MÁS UNO
NO ES IGUAL A DOS

TE CUENTO UN CUENTO EXTRAÑAMENTE TRIANGULAR

Tengo en la memoria un cuento de Benedetti que viene sumamente al caso. Se llama "Triángulo isósceles".

Un abogado, Arsenio Portales, lleva doce años de casado con la ex actriz Fanny Araluce. No bien contrajeron enlace, él le exigió que abandonara las tablas. Estaba celoso de todos esos personajes que en escena la abrazaban y besaban.

Y además supo agregar el siguiente argumento:

"No creo que tengas las imprescindibles condiciones para triunfar en teatro. Sos demasiado transparente. En cada uno de tus personajes siempre estás vos, precisamente allí donde debería estar el personaje... El verdadero actor debe ser opaco..."

Interesante teoría sobre la actuación teatral, a mí me convence: no tolero a los actores que no hacen más que interpretarse a sí mismos.

Vuelvo al cuento. Fanny se sometió por amor a su esposo. En el ínterin, el abogado —cosas que pasan— cultivó una relación clandestina con una mujer apasionada, carnal, contradictoria, en fin, atractiva. A tal efecto alquiló algo que con cariño denominaremos "un bulín", cerca de casa, por algún motivo oscuro.

Raquel se llamaba la amada oculta y fascinante. Con ella Portales revivía. Al cumplir dos años de furtivo amor él le regaló, expresamente importado de Italia, un collar de pequeños mosaicos florentinos. Y ella, una corbata de seda multicolor.

Ella se emocionó con el collar aquél y fue al baño a ponérselo. Pero se demoró en el baño más de lo esperable. Él le preguntó si estaba bien; ella dijo que sí, que no se preocupara.

Cuando salió, Portales la contempló estupefacto:

"—¡Fanny! ¿Qué hacés aquí?

—¿Aquí? —subrayó ella—. Pues lo de todos los martes, querido. Venir a verte, acostarme contigo, quererte y ser querida."

Él no atinaba a abrir la boca. Ella explicó:

"—Arsenio, soy Fanny y también Raquel. En casa soy tu mujer, Fanny de Portales, pero aquí soy la ex actriz Fanny Araluce. O sea que en casa soy transparente y aquí soy opaca, ayudada por el maquillaje, las pelucas y un buen libro, claro."

En fin, que él traicionaba a su mujer con la misma mujer, si es que se entiende. Y ella, por tanto, no puede eludir el planteo:

"Tras dos años de vida doble, tenés que elegir. O te divorciás de mí, o te casás conmigo. No estoy dispuesta a seguir tolerando esta ambigüedad."

Él se quedó hundido en el sillón y en el pensamiento. Ella le anunció:

"Después de este éxito dramático, después de dos años con esta obra en cartel, te anuncio solemnemente que vuelvo al teatro."

Portales, al final del relato, toma conciencia y dice:

"Me has engañado."

Se siente francamente mal. Las reglas del juego se han desvirtuado completamente. Iban contra toda lógica del tercero excluido. O lo uno o lo otro. Pero aquí lo uno implicaba siempre lo otro. En fin, el hombre estaba en un atolladero y por cierto que aún debe de estar en algún lado meditando cómo se hace para elegir en un mundo que no respeta regla alguna.

Seguramente se habrá dicho —no lo comenta Benedetti, pero me lo imagino yo— que se vive en una tremenda crisis de valores.

El sujeto y el predicado

Lo anterior es un cuento, pero sirve para preguntarnos: ¿Cuántas personas es una persona? O ¿cuántos personajes representan una persona? Y la persona, sin sus personajes, ¿qué vendría a ser? (Yo sé que usted está pensando en Pirandello, pero lo dejaremos para otra ocasión.)

¡Tantas cosas nos hicieron mal! Entre ellas, la gramática. Ahí se estableció que hay un sujeto —la persona— que es el término fundamental de una oración o proposición, y luego va surgiendo todo lo atinente a ese sujeto, si se baña, si come, si esculpe *La Piedad*, si va al baño, si se suicida.

Todo lo que el sujeto hace es el predicado. El predicado es un comentario sobre el sujeto. Comentario referido a sus accidentes, cosas que le pasan. Hoy se cae, mañana se levanta, a la noche se pone el pijama de seda que le regaló la novia, en la televisión ve el canal erótico, y esas menudencias de la vida.

Pero, según la gramática, el sujeto es totalmente independiente, anterior y superior a todos sus predicados. Los predicados pueden o no darse, y lo mismo nos impresiona que se enamore de una bella muchacha o se suba al colectivo, pise en falso, caiga y se rompa el cráneo.

Cosas que pasan. El sujeto con cráneo roto o con una chica entre los brazos es siempre el mismo sujeto, inafectado por esos predicados que son adjunciones del azar.

Y eso nos ha hecho mal.

El sustancialismo

Esa gramática no es capricho de nadie, sino que responde a una teoría muy antigua, sustancialista, que hasta hoy tiene vigencia en la vida real de los sujetos, sin que lean este u otros libros sobre el tema. Responde, decía, a la idea de que hay una *sustancia* o *esencia* que es el YO. Ese *yo* es sustancial en cuanto está radicado en sí mismo. Lo demás es, como decían antes, "complemento". Una especie de adorno, sacar el Premio Nobel, sacar la lotería o sacar la mano de la lata.

De esa idea deriva también la separación entre el hombre y su obra, el sujeto y las cosas que produce. Obra pertenece a la sección predicado. Sólo que cuando la obra es genial nuevamente se recurre al sujeto, para averiguar qué hay de especial en el que produce este tipo de predicado.

LOS PROBLEMAS DE CÉZANNE

El cuento anterior de Mario Benedetti podría constituir un preludio para la multiplicidad de seres que somos, ya que no somos otra cosa que eso que representamos.

Septiembre de 1906, muere Cézanne. Tenía 67 años y durante toda su vida aspiró a "pintar del natural". No pudo dejar de ver que su "natural" era profundamente diferente del "natural" de otros artistas. Llegó a dudar, al final de sus días, de sus propios ojos: tal vez, se dijo, adolecía de alguna enfermedad visual y por eso pintaba distinto.

Lo mismo se decía del Greco: sus figuras son alargadas y retorcidas porque así las veían sus ojos, no él, no la persona; su mecánico aparato receptivo funcionaba "mal" y él copiaba "mal", ese mal que resultó ser genial, creativo, superyoico. El Hombre. El Genio. El Creador. Las grutas infernales en las vidas privadas del Greco, y su maravillosa obra que rompe los muros y se alza hacia el espacio cósmico del infinito.

La cólera, la irritación del vino, la histeria de Cézanne, el hombre, y la firma "Cézanne" al pie de ciertos objetos encuadrados que conforman uno de los tantos pináculos de la Humanidad.

¿Quién de los dos es el Hombre?, se pregunta uno. ¿Por qué elegir?, vuelve a preguntarse, ya reflexivo, calmo, intelectivo.

Es el uno y el otro. Borges y el otro Borges, como el propio poeta argentino supo plasmarlo, a su estilo, tomando un tema monumental y reduciéndolo a una página.

Borges y yo

Así se lee en la mentada página de Borges ("Borges y yo", *El Hacedor*): "Al otro, a Borges, es a quien le ocurren las cosas. Yo camino por Buenos Aires y me demoro, acaso ya mecánicamente, para mirar el arco de un zaguán y la puerta cancel... Me gustan los relojes de arena, los mapas (...); el otro comparte esas preferencias, pero de un modo vanidoso que las convierte en atributos de un actor. Sería exagerado afirmar que nuestra relación es hostil; yo vivo, yo me dejo vivir, para que Borges pueda tramar su literatura y esa literatura me justifica. (...) Así mi vida es una fuga, y todo lo pierdo, y todo es del olvido, o del otro.

No sé cuál de los dos escribe esta página."

Uno es el que vive y de ese modo le da material al otro para que elabore esa vida y la transforme en relato, poesía, divagación. ¿Cuál es el yo real?

Pregunta inútil. El hombre es el practicante de las preguntas inútiles. No hay "real", porque lo "real" es una construcción del yo. Por lo tanto el yo es construcción del yo, y como tal una ficción tomada por realidad.

O todo es real. Los sueños, la mano que toco, este párrafo que escribo, los ojos ciegos de Borges, los poemas inspirados de Borges, el que mira cómo otros viven, el que mira cómo él vive y mientras mira está viviendo, ya que no se trata de un ojo inmóvil y el suceso que transcurre. El ojo es el suceso.

"Así mi vida es una fuga", dice Borges. Pero cuando dice "no sé quién de los dos escribe esta página" ha tenido una recaída en el optimismo de considerarse tan sólo dos, y que haya uno que es el que escribe.

La vida es la obra. No hago mi vida. Soy hechura de esa vida que se hace. El tema, el único tema que tengo, es cómo hacer para resplandecer en la fugacidad del momento. Uno mismo. Desnudez de preguntas, planteos, frases. Encuentro con el encuentro, y la chispa en el medio.

SÓLO EL PLURAL ES VIDA

¿Por qué dos *solamente*? ¿Por qué no vidas en plural, como se dice en hebreo, que no tiene singular para este concepto: *jaim*?

Hombres en plural, seres en plural, como en plural son los días, las nubes, las mujeres y las presencias y las ausencias de papá, mamá, el vecino, Dios, la muerte, el miedo, el placer misterioso y único.

¿Cuál de los Cézannes que firman "Cézanne" realiza la obra-Cézanne del Hombre-Cézanne? ¿Sus ojos enfermos, su desequilibrio emocional, su querer-ser, el espíritu divino a través de él, o el ansia de superioridad para redimir la inferioridad adleriana básica de un hombre lleno de pavor ante el mundo, ante el roce de una mano ajena, siendo como es ajena toda mano, hasta la de un niño?

¿La esencia es esencia o es depuración del accidente? Merleau-Ponty responde:

"Es cierto que la vida no *explica la obra*, pero también es cierto que vida y obra comunican. La verdad es que *esta obra a realizar exigía esta vida*." (*Sentido y Sinsentido*.)

LAS PERAS Y EL OLMO

Nada se nos ha aclarado. Sabemos nada. Vemos frutos y vemos árboles y sabemos que tal fruto corresponde a tal árbol. Le pertenece. Eso es todo; el resto es imaginación presuntuosa, tomada de las fáciles leyes físicas que ordenan el mundo en causas y efectos, acerca del árbol que genera —como si estuviera en su voluntad, en su decisión— el fruto.

Mayor complejidad, si mantenemos el símil, se adhiere al Hombre, ese individuo que es incontables árboles, no todos clasificados en la taxonomía vegetativa, imprevistamente hechos para producir o dejar de producir imprevistos frutos.

El tema es ¿cómo se comunican vida y obra? O: las peras y el olmo.

Borges, Shakespeare y Dios

Es propiamente la imagen que Borges le atribuyó a Shakespeare. La galería de personas que desfilan por el teatro del inglés pareciera recoger todos los rostros, los más opuestos, los más disímiles, del haber humano. Nuestro escritor comenta: "Ricardo afirma que en su sola persona, hace el papel de muchos, y Yago dice con curiosas palabras 'no soy lo que soy'. La identidad fundamental de existir, soñar y representar le inspiró pasajes famosos."

Aquí se mezcla todo, y el ser es lo que produce, lo que sueña, lo que se contradice. Shakespeare, como todo escritor, cuando toma un personaje profundiza en él, se identifica con él.

(Yo, si se me permite mezclarme en estas alturas, alguna vez intenté una traducción al castellano de una novela en la que dos patriotas caen en un dilema ético de matar y morir al unísono, pero al precio de que también cayera gente del propio bando, gente querida; y yo traducía y lloraba; revisaba la traducción y lloraba; finalmente la abandoné, para dejar de vivir esas vidas y llorar con ellas...)

Se cuenta que cuando Flaubert describía la ingesta de veneno y la agonía de Madame Bovary, él mismo sentía en su propio cuerpo síntomas de envenenamiento.

Borges concluye estas divagaciones: "La historia agrega que, antes o después de morir, se supo (Shakespeare) frente a Dios y le dijo:

—*Yo, que tantos hombres he sido en vano, quiero ser uno y yo.*"

Leamos con cuidado. Los hombres que he sido, alega el genio inglés, fueron en vano, porque eran fantasmas, criaturas de mi mente. Por tanto estoy fatigado de todo ese caudal de no-ser que he sido. Quiero ser yo, quiero ser uno, yo mismo, alguien independiente de sus criaturas.

Pero Dios, a través de la pluma de Borges, le responde:

"—*Yo tampoco soy; yo soñé el mundo como tú soñaste tu obra, mi Shakespeare, y entre las formas de mi sueño estás tú, que eres muchos y nadie.*"

La separación de sujeto por un lado y obra por otro pierde sentido. Somos todo lo que somos, y ese todo es múltiple, es la vigilia, es el sueño, es el olvido del sueño, es la suma de personajes que encarnamos en el tablado nuestro de cada día.

"PUEDO ESCRIBIR LOS VERSOS MÁS TRISTES ESTA NOCHE..."

¿Quién no recuerda el emotivo Poema xx de Pablo Neruda?

"Yo la quise, y a veces ella también me quiso", dice el vate chileno. ¿Eso sucedió así? ¿Yo podría, también, escribir con esos mismos elementos los versos más alegres, esa noche? ¿Te parece poco, Pablo, que la quisieras y que ella, a veces, te quisiera? ¿No te parece que podría ser ese motivo para algún *Magnificat*, para hincar las rodillas, pluma en mano, y agradecer a eso que vulgarmente llamamos destino? ¿No dicen que mejor es haber querido y haber perdido, que no haber querido jamás?

Cada cual cuenta su historia, según el misterio de la decisión que lo empuja a contarla en ritmo de vals o de blues. La vida es tu cuento de la vida. Por tanto, nada sabemos de la realidad, ya que la tal realidad no existe sino en el cuento que nos hacemos de ella.

"Nosotros, los de entonces, ya no somos los mismos", añade luego el poeta. ¿No es para alegrarnos? Si yo fuera poeta celebraría ese no ser lo que fuimos con algo exultante que pudiera emular a *Y cuando los santos vienen marchando*.

MI TRISTE INFANCIA NO FUE TRISTE

Nada es. Y en eso consiste la infinita riqueza del ser. Todo es en la mirada de tus ojos que nunca ven lo que ven, que siempre ven lo que quieren ver y lo que no quieren no lo ven, y es inútil que alguien se moleste en gritarles que vean lo que están viendo realmente.

Ese *realmente* no existe. Lo único real es tú, yo, él, nosotros, vosotros, ellos, y los ojos y oídos de cada cual, pero sobre todo el misterio interior de cada cual que elige el significado de los hechos y su conexión.

Yo recuerdo, claro está, el conventillo en la calle Loyola 534, papá ido (él inauguró el miedo a los hijos), mamá trabajando en una fábrica con extrañas máquinas de coser, abuelito ocupándose de mí, cuidándome, llevándome al hospital, los chicos de la cuadra, el Pelado, la hermana del Pelado, que tan bien estaba, Pepe, el que siempre contaba historias de cabaret, y esta tremenda palabra —cabaret—, que sonaba a pecado y paraíso e infierno, porque vienen así, en complejo e indiscernible paquete.

Recuerdo una tarde triste con mamá enferma, en cama; era el cumpleaños del Pelado, y había que llevarle algún regalo y yo me sentía cohibido, avergonzado, porque éramos pobres y qué regalo le iba a llevar...

Muchas páginas de recuerdos podría escribir yo esta noche, y usarlos para hacer de mi infancia un drama, y de mí mismo, un héroe que supo superar ese drama de humanidad desolada y sacar el cuello por encima del agua.

Pero no, *no es ésa mi memoria*. La construí de otra manera. Los datos tristes, tristes son, y sin embargo, no me entristecen. Datos, pero no martirologio, no tragedia.

Puedo escribir esta noche sobre el sabor del guiso de mi abuelo hecho en cacerolas de barro sobre fuego de maderas, la carne y las papas con ese sabor que nunca más volví a probar. Puedo escribir sobre la radio que escuchábamos juntos, sobre Wimpi, Emilio A. Stevanovich, Aráoz Badi, sobre cantantes de boleros, sobre ese cuyo nombre no recuerdo que se presentaba con la cortina "y a veces me pregunto qué pasaría/ si yo encontrara un alma como la mía".

Puedo escribir sobre frías mañanas de invierno, caminando hacia el colegio donde era semipupilo y donde rezábamos antes de tomar el desayuno y leíamos revistas ocultas bajo el libro de rezos, vigilando la mirada vigilante del maestro, ese desayuno tan sabroso, ese pan negro, esa manteca, inolvidables.

Y LOS CUENTOS, CUENTOS SON

La vida es cuento, pero se equivoca Shakespeare cuando dice que está narrada por un idiota carcomido por el sonido y la furia. Es la inteligencia la que la compone. Una inteligencia que quiere algo, a la que le conviene algo. Otro, en mi lugar, compondría una rapsodia trágica para sufrir más y mejor y entregarse en manos de la horrible Gorgona y sentir que expía vaya uno a saber qué karma malicioso.

En eso nos diferenciamos. No en las cosas de la vida, ya que las cosas de la vida no existen ni dependen exclusivamente de nosotros, sino en el estilo y la selección imaginaria de eventos que urdimos, tramamos, conectamos, en el cuento que nos contamos. Ahí es donde uno mismo es dueño y señor de decidir qué vida es la suya.

VIDAS Y PALADARES

Tendría yo unos ocho años. Zalman se llamaba mi maestro de Biblia. Nadie, como corresponde, le prestaba atención. Pero una vez me atrapó y me tuvo en suspenso.

Estudiábamos el capítulo donde se narra que Moisés sacó a los hebreos de Egipto, y los condujo por el desierto. Estaban sedientos, desesperados. Por suerte encontraron una fuente de agua. Probaron y no podían tomar: las aguas eran tremendamente amargas. Así está escrito, literalmente:

"Y no pudieron beber porque eran amargas".

Recuerdo la lección del maestro, que siempre es en principio una pregunta:

—¿Por qué no podían beber?

—Porque eran amargas —grité yo, algo exasperado.

—¿Quiénes eran amargas? —insistió el maestro, que practicaba inmutablemente esta metodología, la de hacernos pensar.

—¿Cómo quiénes? ¡Las aguas, maestro!

—Pero también podría leerse de otra man〈
el hombre, lanzándonos a la fantasía de la inve〈
—¿De qué otra manera puede leerse? —nos a〈
¿Qué tiene esto de raro? Es claro, las aguas eran a〈
las personas ahí presentes no podían beber... —resp〈
algo fastidiados.

—Se equivocan. Piensen, relean y verán. Eran ama〈gas,
está escrito. Podrían ser amargas las personas, no las aguas.

Nos quedamos atónitos. El maestro continuó:

—El sabor del mundo lo establecemos nosotros. Nosotros
decidimos qué sabor tiene la vida, las cosas que nos pasan. De
nosotros depende el valor de los acontecimientos...

Eso dijo el maestro, lo recuerdo bien. Durante toda mi
existencia me sigue esa lección y me acompaña en todas mis
reflexiones.

LOS REMEDIOS AMARGOS

Años más tarde me encontré con otro sabio, esta vez por escrito, en mi biblioteca, que es el lugar donde se reúnen todos
ellos y me hacen ver aquello que mis ojos no alcanzan a vis-
lumbrar.

Saqué, y recuerdo que fue un viernes a la noche, después
de cenar, un libro de la biblioteca. Inspiraciones que uno tiene. Me acerqué a la biblioteca para nada, para pasear la vista
por viejos y tal vez olvidados amigos. Hallé un libro sin autor,
una antología de barata edición; *Palabras de los sabios* se llamaba. Abrí. Y ahí estaba la lección de aquella tarde de infancia, ahí estaba.

Transcribo el texto que tengo ahora ante mis ojos, ya que
lo preservo como si fuera una joya:

"El mundo tiene el sabor que le damos, que le prestamos.
El bien y el mal que nosotros definimos como tales son apa-
riencias. Me refiero a que te ocurren cosas buenas y cosas malas. Nada sabemos de la vida que vivimos y de los sucesos que
nos sobrevienen. Aceptamos con amor y benevolencia aquello que nos acaricia, que nos deleita, que nos procura bienes-

tar, y en cambio rechazamos con ira y con resentimiento los acontecimientos que perturban la existencia, que causan daño, que disminuyen nuestros éxitos y nuestras ganancias. Ahí es donde nos equivocamos. El tejido de nuestra vida se va hilando detrás de nuestros ojos, y no alcanzamos a percibir el sentido de esa trama, y del revés de la trama."

En realidad lo que vemos es el revés de la trama, nudos, hilos lisos, otros truncos. La trama no sabemos apreciarla.

Estamos siempre puestos a prueba. Si este escalón que has subido te da mucho bienestar, tal vez sea peligroso, si es que, por ejemplo, produce en ti un efecto de adormecimiento y entonces no pones atención. Hay laureles que matan. En ese caso la dulzura termina siendo amarga. Y viceversa, si caes, tal vez eso despierte en ti el pensamiento, la reflexión, haga que revises tu existencia y vuelvas a plantearte desde el inicio tu camino en la vida. En ese caso, el mal sufrido es estímulo para el bien, es remedio, amargo remedio, para curarte.

No, no hay sucesos buenos y sucesos malos. Todo lo que hay es sucesos de dulzura y sucesos de amargura, y nadie sabe qué representa cada uno y a dónde conduce.

DESNUDOS

En el libro titulado, justamente, *Todo lo sólido se desvanece*, de Marshall Berman, se dice: "Psíquicamente desnudos, despojados de toda aureola religiosa, estética, moral y de todo velo sentimental, devueltos a nuestra voluntad y energía individual, obligados a explotar a los demás y a nosotros mismos, a fin de sobrevivir..."

Así estamos, así somos. Si fuéramos sinceros no tendríamos miedo. Cuando uno sabe con precisión qué es y qué no es, deja de tener miedo y comienza a tener cuidado.

¿Qué podemos hacer? ¿Es malo estar desnudos, despojados, despiertos?

"...Sin embargo, a pesar de todo, agrupados por las mismas fuerzas que nos separan, vagamente conscientes de todo lo que podríamos ser unidos..."

Podríamos ser unidos. Solos, pero unidos. Unidos por el prefijo *des*, des-pojados, des-protegidos, des-encantados. Ligados, re-ligados.

"...dispuestos a estirarnos para tomar las nuevas posibilidades humanas, para desarrollar identidades y vínculos mutuos que puedan ayudarnos a seguir juntos..."

¿No decimos creatividad? ¿No decimos libertad? Éstas son las nuevas posibilidades humanas, si atendemos al cuerpo de la realidad y no al alma del discurso romántico y mentiroso, y en estas posibilidades podemos desarrollar identidades y vínculos.

Eso que antes se imponía, las identidades, los vínculos, ahora debemos crearlos, hacerlos, forjarlos, una y otra vez, como la salida renovada del Sol, todos los días.

Ya que no hay más eternidad, ya que estamos solos y queremos estar mejor, desarrollemos desde nuestra inventiva identidades y vínculos "que puedan ayudarnos a seguir juntos, mientras el feroz aire moderno arroja sobre nosotros sus ráfagas frías y calientes". *Así seguirán siendo: ráfagas, frías y calientes. Calientes en el avance progresivo de las conquistas humanas que logran cosas, energías, espacio, mundos. Pero frías porque eso que es tan frágil, eso llamado "el corazón humano" no se mejora con la cardiología y sus avances, sino que es sacudido por las ráfagas de la intemperie. Necesita de calor, propio y de otros corazones.*

MULTITUD DE MULTITUDES, TODO ES MULTITUD

Un héroe de Rousseau (nos ubicamos alrededor de 1760) expresa los sentimientos que le produce la ciudad "moderna": "Estoy comenzando a sentir la embriaguez en que te sumerge esta vida agitada y tumultuosa. La multitud de objetos que pasan ante mis ojos me causa vértigo. De todas las cosas que me impresionan, no hay ninguna que cautive mi corazón, aunque todas juntas perturben mis sentidos, haciéndome olvidar quién soy y a quién pertenezco".

Hoy, cerca del año 2000, pienso que existo, digo yo, como

decía Descartes, pero mi duda no es metódica, sino meramente accidental, porque aun para dudar se necesita de cosas sólidas, horizontes fijos, y saber quién soy y a quién pertenezco.

Multitud de cosas, de ideas, de situaciones, de estímulos; "ninguna cautiva mi corazón, aunque todas juntas perturben mis sentidos".

Eso es un mundo des-encadenado, des-encantado. Así lo definió, con genial precisión, Max Weber. Carecemos del alma mágica, de cielos, infiernos, paraísos, teologías, esperanzas de nuevos mundos. Es lo que es, eso que esta ahí; eso es.

Claro que el encantamiento perdido fue expresamente abolido para alcanzar otro encanto, otra pasión, *la de la libertad creadora.*

Esta libertad, como vimos, es condicionada. El hombre es una pasión inútil, según Sartre. En realidad es una pasión. Inútil es que quiera ser otra cosa. Salvo el que toma conciencia de sus pasiones, léase costumbres, para hallar dentro de ellas y con ellas el antídoto, la pasión de pensar, de poner bajo la lupa crítica todos los grandes principios.

Eso es la libertad creadora. Que termina siendo la responsabilidad creadora, o la creadora de responsabilidad.

REIVINDICACIÓN DEL ACCIDENTE

La verdad, lejos de lo que pensaban los griegos, no es esencia, es accidente. Primero está el accidente y luego de ahí emerge la esencia, o la sustancia como decían los latinos.

La gramática y la vida funcionan recíprocamente al revés. La gramática aparece siempre cuando la vida fue consumada. Como dijo Jesús: *"Consumatum est!"* Se ha consumado, se ha terminado. Y a partir de ahí apareció la palabra escrita de los Evangelios.

La palabra oral no tiene fin ni forma ni definición. Se modifica con el fluir de Jesús en la vida. Hay que esperar que esa vida se consuma, para que también la palabra quede grabada definitivamente, y que es palabra de algo que se dijo, no que se esté diciendo. Se terminó. *Consumatum est.*

Jesús quería ser oral y oralista. Los discípulos lo volcaron por escrito. Es la única manera que tienen los discípulos de tener al maestro, de poseerlo y de sucederlo.

Los discípulos son los que más cerca están del maestro, por eso no pueden verlo. El maestro los trasciende. Sin embargo lo dramático de nuestra condición es que no podemos alcanzar la palabra del maestro sino a través de sus discípulos, que son sus traductores, y por tanto sus traidores. No obstante, aun cuando no podamos captar la idea original, a veces sentimos que rozamos su perfume, y eso sí que vale.

La esencia de las vidas ajenas, y de la vida propia, se nos pierde por esa tendencia que tenemos al conocimiento, a fijar causas y consecuencias, a determinar mensajes y a codificar sustancias.

Ser uno mismo es jugar a suspender esa tendencia. Aunque tan sólo fuera alguna que otra vez. Sería alguna que otra dichosa vez.

¿DE QUIÉN ES LA OBRA?

La obra es de la tradición en la que se inserta. De la gente que la recibe. Del tiempo en que se realiza. De los códigos que inserta en su quehacer.

En el *Ulises* de Joyce se analiza el caso Shakespeare, su vida como actor, su interpretación de Hamlet, su identificación de persona y personaje. Luego alguien concluye:

"Tenemos las obras. Quiero decir, cuando leemos la poesía del *Rey Lear* ¿qué nos importa cómo vivió el poeta? En cuanto a vivir, nuestros criados pueden hacerlo por nosotros, dijo Villiers de l'Isle Adam. Curioseando y hurgando en los comadreos entre bastidores de aquel tiempo, que si bebía el poeta, que si tenía deudas... Tenemos el *Rey Lear* y es inmortal."

Ciertos hombres, en este enfoque, están en el mundo no para vivir sino para producir obras. Su vida no debe interesarnos. Los otros están para vivir, los criados, los que no producen nada para la humanidad, esos sí que tienen su vida como objeto y objetivo, y esa vida merece ser juzgada.

Breve interludio con el lector

¿Usted qué opina al respecto? Usted, por ejemplo, ¿para qué siente que está en el mundo? A mí no debe responderme, tan sólo a sí mismo.

También es libre y puede hacerse otras preguntas más fáciles, por supuesto. Preguntando se llega a Roma, suele decir el chofer que me envían de Rosario, congratulándose de que no conoce caminos, curvas, entradas, rutas y otros accidentes. Practica cartesianamente la duda, y heideggerianamente la pregunta, y no sabe cuán filosófica vida lleva.

Considera que está muy bien adaptado a mis teorías, dice. Y eso porque, puesto que me acompaña, entra en las conferencias y se instruye.

Dice, cada vez que "pifia" un empalme, que en la incertidumbre y en la imprevisión está la vida. Me mira por el espejo retrovisor y me sonríe, complaciente.

Yo me agarro del asiento y me muerdo los labios.

¿Quién hace la historia?

El planteo dicotómico acerca del hombre y la obra es paralelo al del individuo y la sociedad. ¿Quién hace la historia?

Según Tolstoy el individuo es una gota en el mar, una ola en el movimiento cósmico. Si no apareciera uno, aparecería otro. Ocurre que vemos sobresalir a uno, en las artes, en las ciencias, en la política, y lo admiramos como causa y eje de ciertas obras. Imaginamos que sin él esa obra jamás tendría lugar. Pero para Tolstoy es una ilusión. Hay en cada tiempo simientes que habrán de ser fecundadas por unos o por otros y de alguna manera germinarán y darán a luz obras. De no ser ese Miguel Ángel que conocemos, otro hubiera aparecido y producido, si no exactamente sus obras, sí su concepción del espacio, de la pintura, de los cuerpos en la escultura.

No sé si estoy a favor de la tesis de Tolstoy, que es excesivamente mística. En *La piel de zapa*, Balzac pone en boca de uno de sus personajes esta tesis peregrina:

"Moisés, Sila, Luis XI, Richelieu, Robespierre y Napoleón es posible que sean un solo hombre, que reaparece a través de las civilizaciones como un cometa en el cielo."

Hay un tiempo para todo

En la historia personal, como en la historia de los pueblos, hay un tiempo para todo. *Kairós* le decían antiguamente, en griego, a esa ocasión especial en la que vida y oportunidad se cruzan y producen un acontecimiento único, que se llama re-volución pero es re-velación, porque se trata de un velo que cae y de una luz que se ve. En lo personal o en lo científico o en lo artístico.

Se me ocurre que las cosas pueden plantearse al revés y desde una perspectiva sociológica: la obra, la revolucionaria, no puede aparecer sino cuando aparece y donde aparece, ya que sólo en ese momento la sociedad está disponible y prepa-rada para abarcarla, captarla, autorizarla y legitimarla.

No hay un antes ni un después. El genio surge cuando la sociedad lo requiere. Mejor dicho: si la sociedad lo requiere, surge. Y sabemos que es genio porque la sociedad así lo de-cide.

Otra postura sería la de postular genios desconocidos. Lo cual es una contradicción en sí, y por tanto no cuenta. Stephen Toulmin, en *La trama de los cielos*, lo expresa de esta manera:

"Sea político o científico, un hombre solo puede hacer en su propia época una tarea que sea necesario hacer; pero puede hacerla de muchas maneras diferentes. Aun cuando Newton no hubiera existido, los pasos determinados que él dio hubie-ran sido dados, sin duda alguna, por otros antes del 1750."

71

CAPÍTULO IV

¿LAS TARDES A LAS TARDES SON IGUALES?

El hombre que cincelaba a Dios

Uno mismo es un estado, una situación, un cambio de mirada que permite abrirse al mundo como cambio y a la realidad como transitoria y exultante a la vez. Verbos, no sustantivos. Los verbos son el ser, los sustantivos, la cosificación del ser que se repite y no varía, y por tanto no es.

Hay un verso de Borges, para mí impactante, en un poema que le dedica al filósofo Spinoza. Ese filósofo judeo-holandés del siglo XVII buscaba a Dios fuera de todo condicionamiento de religiones aprendidas. Y lo halló en la Totalidad del Ser. Todo es Dios.

El hombre cincelaba cristales. Borges imagina a Spinoza combinando ambos quehaceres, el físico, de facetar cristales, y el espiritual, de cincelar a Dios en toda la Naturaleza. El soneto comienza así:

"Las traslúcidas manos del judío
Labran en la penumbra los cristales
Y la tarde que muere es miedo y frío.
(Las tardes a las tardes son iguales)."

Me impresiona sobre todo el cuarto verso: *las tardes a las tardes son iguales*. Me conmueve hasta el llanto. Todas las tardes son iguales. Monotonía del círculo que va y viene, va y viene, de la rotación de los astros, de las estaciones. Y en el medio está el hombre *que no es igual*. Su ser consiste en su des-igualdad día a día, tarde a tarde, momento a momento. Y ese hombre busca algo para superar el miedo y el frío que la circularidad del tiempo de las tardes iguales imprime; miedo y frío de la falta de sentido, del que se pregunta ¿y qué hago yo en todo esto, mota de polvo que también da vueltas y vueltas eternamente?

Ese sujeto necesita salvarse de la nada, del sin sentido, de las tardes iguales a las tardes. Busca a Dios. Pero no se resigna a las enseñanzas y doctrinas de los diversos dogmas. Busca a Dios por cuenta propia. No quiere fundar un templo, quiere un fundamento para su propia vida.

El cristal es todas sus facetas, y Dios, el facetado por Spinoza, según imagen de Jorge Luis Borges, es

"arduo cristal: el infinito
Mapa de Aquel que es todas Sus estrellas"

ESTA TARDE ES DE RELIGIOSIDAD

La tarde en que escribo estas líneas es como las tardes aquéllas, y por eso la tinta se me volcó hacia esas asociaciones. Y sin embargo, he aquí que son una buena introducción para la entrada al pensamiento de Martín Buber, que en 1913 analizaba el tema del hombre en la modernidad y escribía:

"La religiosidad es el sentimiento del hombre que siempre se renueva, que siempre busca nuevas formas de expresión, el sentimiento provocado por la admiración en cuanto más allá del ser mortal y transitorio existe algo absoluto y el hombre desea entrar en contacto viviente con ese absoluto, hacerlo ingresar en la realidad mundana."

Lo que hace este filósofo es distinguir entre *religión* y *religiosidad*.

La *religiosidad* es del sujeto lanzado en busca de Dios, como Spinoza, de una experiencia personal trascendente.

La *religión* en cambio es el anquilosamiento, la institucionalización y burocratización de aquel sentimiento original en forma de costumbres, rituales, precepciones que se envuelven de aparente santidad.

La religiosidad es cambiante; la religión pretende ser inmóvil. La una pertenecería a lo que Bergson llamaba "la so-

76

ciedad abierta". La otra deriva de aquélla pero concluye en la "sociedad cerrada". De más está decir que la sociedad abierta cultiva la mente abierta, mientras que la otra tiende a cerrarla en fórmulas, dogmas, prisiones culturales.

La religiosidad es *acontecimiento*. No tiene recetas, ni lugares, ni caminos prefijados. Uno mismo la encuentra.

Un poeta medieval decía:

> "Al salir a Tu encuentro,
> a mi encuentro
> Te encontré."

Hay que salir para encontrar. Pero de ese encuentro ha de surgir una necesidad de actuación. Uno mismo no es uno que vive y goza de la experiencia divina, y se va contento a dormir la ciencia. Esa experiencia es, se torna, *una exigencia*. La de modificar el mundo. Modificación de amor.

ALTERNATIVA DE CALOR

Amor es re-ligamiento. El otro re-aparece junto con la presencia de Dios. Ese triángulo es ineludible, cuando el acontecimiento es auténtico. El mundo es el otro, nos-otros, los otros de los otros.

Creer, en esta perspectiva, significa *sentir la exigencia de que estoy en el mundo para hacer algo a favor del bien*. Es una conducta, y no un mero oleaje interno de conciencia o efervescencia del espíritu.

En la tradición judía que, además de la filosofía, alimentó a Buber, se decía que hay dos tipos de líderes espirituales:

—El líder del abrigo de pieles: ése, en invierno —piensen ustedes en la gélida Rusia o Polonia—, se hace un abrigo de pieles, y así combate la helada.

—El líder del fogón: ése, en las mismas circunstancias, hace un fogón y se entibia él y todos los demás que están junto a él.

El hombre auténticamente religioso busca el calor con el otro, desde el otro.

EL ECLIPSE DE DIOS

En 1938 —piensen ustedes en la amenaza del nazismo en el horizonte europeo— pronuncia Buber una conferencia bajo el título *La exigencia del espíritu y la realidad histórica.*

En esos tiempos el concepto *espíritu* estaba muy de moda. Venía de Hegel y tenía vigencia en Max Scheler, Dilthey, Rickert; en nuestras playas lo había adoptado mi querido maestro Francisco Romero. Se lo entendía como la culminación de la razón, y el elemento que caracterizaba la dignidad humana.

Lo que Buber critica es que el espíritu esté fuera de la realidad y funcione únicamente para los diálogos entre filósofos. El espíritu —dice— no es una entidad, sino un acontecimiento, algo que ocurre y que el hombre hace ocurrir. Y cuando ocurre reclama acción. Los profetas eran hombres de espíritu. Dios era para ellos la voz que los convocaba y lanzaba a la calle, al mercado, a luchar por la justicia, por el amor, y contra toda suerte de iniquidad. Eso es religión. Por eso tanto Jeremías como Jesús expulsarán a los mercaderes del templo, para arrancarlos de la convicción de que en la calle se explota al miserable, y en el templo uno es buena persona porque ahí está Dios y ahí está la bendición.

Si Dios no está en la calle, en el mercado, no está en ningún lado. El templo no puede contener nada que no esté contenido previamente a la puerta del templo.

"Espíritu sin el compromiso de deber, ése es el síntoma de nuestro tiempo", explicaba Buber. "Se declara los derechos del espíritu, se analiza la formalidad de sus leyes, pero nada de esto tiene que ver con la vida, sino, más bien, con libros y discusiones especulativas."

Los tiempos actuales, considera el filósofo, son de eclipse de Dios. Dios está, pero no se lo percibe. Hay que hacerlo estar, hacerlo ver.

Ocurre que el hombre habla mucho de Dios, pero no habla *con Dios.* En la vida no se lo ve, porque de ahí se lo ha expulsado y relegado a lugares especializados con gente especializada. Para la vida, la de todos los días, la de todos los lugares y entre toda la gente, está eclipsado.

¿Cómo hacer para re-velarlo? Es decir, para quitarle el velo de la ausencia. Existe, pero ausente. Es menester activarlo, realizarlo, explica Martin Buber.

Uno mismo es el cambio que produce el cambio de la visión de la realidad, y el compromiso con ella a través de la relación triangular yo-tú-Tú. Somos consecuencia de nuestras relaciones. Si manejamos a los demás como cosas, somos cosas. Si prevalece la relación de amor, es el cambio, la modificación, y el otro se vuelve tú, y de ahí brotará la necesidad de Tú, Dios.

Antes de seguir explicando la teoría del *Yo y Tú* de Martin Buber, veamos sobre qué horizonte ella emerge y se proyecta.

LA SALVACIÓN COLECTIVISTA

A comienzos del siglo XX, dos son los caminos de salvación que la humanidad toma en consideración: por un lado, el colectivismo, bajo la forma del comunismo, con la anulación consecuente del individuo; por la otra, el individualismo egoísta, con la anulación consecuente de la sociedad y del ser con otros.

Ambos se las arreglan bien sin Dios. Para uno el ser colectivo es el divino. Para el otro, la divinidad soy yo, yo soy el absoluto, y fuera de mí, nada.

Un ejemplo del modo de pensamiento ruso-comunista lo hallamos en el libro *El cero y el infinito* de Arthur Koestler. Este autor vivió deambulando por el mundo y por diversas ideologías, desde el comunismo hasta la búsqueda de Dios.

En el mentado libro, Koestler recrea un interrogatorio entre Ivanov, mandatario del Partido Comunista, y Rubashov, alguien que otrora fue fiel al Partido y a su causa, y luego renegó de ellos (personaje que puede identificarse con el propio Koestler). El hereje manifiesta su repulsión por la metodología comunista que sacrifica gente (recuérdese a Stalin y sus múltiples matanzas) en nombre de un ideal futuro, y pone en duda la legitimidad de esos procedimientos.

Ivanov le explica la doctrina colectivista y su fe redentora en estos términos:

"—Para un hombre con tu pasado esta súbita repulsión contra los métodos experimentales es algo cándida. Todos los años mueren millones de personas sin beneficio alguno, por las epidemias u otras catástrofes naturales. ¿Y vamos nosotros a asustarnos ante la necesidad de sacrificar unos cuantos cientos de miles para continuar el más prometedor experimento de la historia? No me refiero a los que mueran por falta de alimento y por la tuberculosis en las minas de carbón y de mercurio, en los campos donde se cultiva el arroz y en las plantaciones de algodón. De ésos nadie se ocupa, ni se pregunta cómo ni cuándo. Pero si fusilamos a unos miles de personas que objetivamente son perjudiciales, los humanitarios de toda la Tierra echan espuma por la boca."

"ERA UNA OPERACIÓN QUIRÚRGICA QUE HABÍA QUE HACER..."

Este razonamiento explica cómo, para algunos, los fines justifican los medios. La gran humanidad que el Partido Comunista Soviético estaba sembrando para el futuro autorizaba usar como abono a la pequeña humanidad, unos millones de seres considerados traidores que había que eliminar para que no obstruyeran el camino de la historia. "Era una operación quirúrgica que había que hacer de una vez por todas."

Además la gente muere de enfermedades, de sequía, y muere para nada, según Ivanov. Lo que hace la naturaleza, ¿por qué no hacerlo desde el plano humano y con una finalidad sumamente benéfica?

"La naturaleza es generosa en sus insensibles experimentos con el género humano. ¿Por qué el género humano no ha de tener derecho a experimentar en sí mismo?"

Este ideal colectivista autoriza a matar *por amor al lejano, al hombre que vendrá*. Lo que empezó siendo un ideal, un subrogado de finas y éticas ideas marxistas, terminó convertido en un poder cruel, asesino, que se olvidó de todo futuro, y funcionó *à la* Nerón o Calígula, siendo ellos, los jefes, el objetivo de la revolución y no la humanidad futura.

Los experimentos reales y políticos del colectivismo hasta ahora, en sus varias realizaciones, han sido —para resumir— muy decepcionantes. Y los propios regímenes erigidos fueron los traidores de las ideas que los inspiraron.

En el extremo opuesto está la corriente del individualismo. Su representante mayor quizá sea, en la calidad de su expresión desenfadada, Max Stirner, autor del libro *El único y su propiedad*.

EL ÚNICO Y SU PROPIEDAD

Antecedió a Stirner en el pensamiento alemán e influyó poderosamente en él, la obra *La esencia del cristianismo* de Feuerbach. Comenta Pedro González Blanco, en su versión castellana del libro de Stirner: "La sola realidad, según Feuerbach, es el hombre fisiológico con sus impulsos, sus tendencias y sus deseos. El hombre no tiene necesidad de Dios, porque él es el Dios de su mundo. El único interés constantemente perseguido en una órbita humana, es el exclusivo bienestar egoístico. Esta humanización de la divinidad ensánchase hacia el mundo práctico, como si humanizada la teología debiera humanizarse la política, y esta filosofía comenzó a ser un inmenso depósito de energía revolucionaria. (...) El escritor que ha desenvuelto con más productiva fecundidad y con más rigurosa inducción lógica, la negación atea y la afirmación egoística de Feuerbach, ha sido, sin duda, Max Stirner".

El único y su propiedad es de 1845. Comienza preguntando por Dios. ¿Qué causa defiende Dios? Y luego demuestra en su análisis que la causa de Dios no es el otro, los otros, sino Él mismo.

¿QUÉ CAUSA DEFIENDE DIOS, O LA HUMANIDAD?

"La causa que defiende es puramente ¡egoísta! Dios es un ególatra", afirma Stirner.

Luego pasa a interrogarse acerca de otros seres superiores, como la humanidad, por ejemplo. ¿Qué causa defiende la humanidad?

"¿Y la humanidad, cuyos intereses debemos también defender como nuestros, qué causa defiende? ¿La de otro? ¿Una superior? No. La humanidad no se ve más que a sí misma, la humanidad no tiene otro objeto que la humanidad; su causa es ella misma. Con tal de que ella se desenvuelva, poco le importa que los individuos y los pueblos sucumban; saca de ellos lo que puede sacar, y cuando han cumplido la tarea que de ellos reclamaba, los echa al cesto de papeles inservibles de la Historia. ¿La causa que defiende la humanidad no es puramente egoísta?"

Revisando de esta manera las entidades, los pueblos, las culturas, no ve Stirner otra cosa que el egoísmo; cada uno todo lo que quiere es su propia subsistencia, y el resto no le importa. Conclusión:

"Dios y la humanidad no han basado su causa sobre nada, sobre nada más que sobre ellos mismos. Yo basaré, pues, mi causa sobre mí; soy, como Dios, la negación de todo lo demás, soy para mí todo, soy el único."

Uno podría objetarle que, sin embargo, hay valores, está el bien y está el mal, y la caridad, y el amor al prójimo. El autor, sin tapujos, sin represiones, replica:

"¿Qué es lo bueno, qué es lo malo? Yo mismo soy mi causa, y no soy ni bueno ni malo; ésas no son, para mí, más que palabras. Lo divino mira a Dios, lo humano mira al hombre. Mi causa no es divina ni humana, no es ni lo verdadero, ni lo bueno, ni lo justo, ni lo libre, es lo mío; no es general, sino única, como yo soy único.

Nada está, para mí, por encima de mí."

No nos ha ido bien, hay que reconocerlo, ni en una vía ni en la otra. El socialismo, como realidad socioeconómica y política, está alicaído y distorsionado. Sólo queda el individualismo egoísta. Y nadie está realmente contento aunque sea "el único y su propiedad".

La angustia es la que crece, y el hombre el que decrece mientras crece, también, un mundo de cosas, aparatos, misiles, viajes a la Luna y otras evoluciones tecnológicas que constituyen simplemente lo in-humano.

Digamos también que está la angustia de los refinados porque lo tienen todo, pero tienen el alma vacía. Pero la precede la angustia masiva, terrible, del hambre y la desocupación, y el genocidio pasivo de centenares de millones de seres en el mundo, mientras que los dueños de "espíritu" vagan y divagan acerca de eventuales soluciones.

¿Habrá salida?

Según Buber, lo vimos, ni el colectivismo es lo humano —eso es la colmena, en todo caso, y es de abejas, o el hormiguero—, ni el individualismo que se construye sobre la ignorancia de los demás, cuyo único dios es el éxito, y que finalmente concluye en la soledad de la angustia y la angustia de la soledad.

La salida es yo y tú. Y Tú.

La salida: Yo y Tú

La existencia es relación. El yo es una entidad física separada de otros, pero humanamente es de otros, con otros, por otros. Nace el bebé y ya es dos, él y su madre. Ese dos es el número primordial de nuestra existencia. Dos que será tres, cien, mil. Somos nuestras relaciones.

La identidad de cada cual es ante todo una sumatoria de relaciones que implican influencias, deseos, rechazos, cultura, educación. Estas relaciones se dividen en dos grandes áreas, las de las cosas y las de las personas. Las cosas son para mi uso y provecho; herramientas u ornamentos a mi servicio. Las personas no son cosas. No se compran, no se venden, no se trasladan como un jarrón del living a la cocina o de mi casa a la basura.

Los jarrones pueden ser prescindibles, y el auto último modelo también, aunque me duela. El otro me es im-prescindible. Lo real-concreto es el hombre-con-el-hombre.

Yo soy mi relación, dice Buber. No un yo que entra en relación, sino un yo que sale de la relación, emerge de ella. La relación me define. Soy de acuerdo con la manera en que manejo la relación. Claro que tampoco soy el dueño de la relación. Somos. Estamos. Yo y el otro. Conjuntamente confeccionamos la relación y la hacemos ser, le damos tal o cual color. Luego brotamos de ella coloreados con ese color. Hacemos la relación y en ella nos hacemos.

El Yo-Ello es la relación más corriente. Ello indica algo neutro, sin ser propio. Cosa. Puede ser un sujeto humano, pero si lo trato como cosa es Ello. Y al tratarlo como cosa me vuelve cosa, yo mismo soy Ello. Pero en realidad no se trata de una iniciativa, sino más bien de una conjunción: *entre nosotros nos volvemos cosas*, ya que la relación nos define.

En la relación Yo-Ello unos somos utensilios de otros. Servimos. Valemos lo que servimos.

LAS COSAS SIRVEN PARA ALGO

Las cosas sirven para. Una olla sirve para cocinar. *La Gioconda* sirve para la contemplación estética. Un árbol sirve para dar sombra, o para transformarse en madera, o para sostener mi cabeza cuando la apoyo en él.

También los seres humanos sirven para. Mi mejor amigo "sirve" para salir los sábados a la noche, para hacer asados juntos, para llamarnos cuando estamos aburridos, para hacerme favores. Por eso es mi mejor amigo. Yo también, desde luego, le sirvo. Por eso soy su mejor amigo. Nos servimos. El uno al otro. El uno del otro. Cada Yo es, aquí, Ello.

Es cierto que mi mejor amigo me cuenta sus cuitas, sus problemas, y que yo lo ayudo cuando está enfermo y me preocupo por él. Y él por mí, idénticamente.

—¿Y los sentimientos? —dirá alguien ofendido.

—¿Y las emociones, los afectos? —agregará otro.

—¿Y la amistad? —gritarán todos.

Tal cual describimos los hechos, entran esos fenómenos en el marco del Yo-Ello, impersonal, cosístico, ajeno, de servicio, de uso, de provecho, de negocio.

No estamos humillando. Nos limitamos a conocer. Si Juan me ayuda a cambiar una goma del auto es buena persona. Si mi amigo me presta una suma de dinero en momentos de apuro o se queda con mis chicos cuando salgo de vacaciones, es un buen amigo. La relación, sin embargo, es Yo-Ello. De servicio.

En latín se decía: *do ut des*. Te doy para que me des. Y nadie se asuste ni se aterre porque la mayoría de nuestras relaciones son así, retributivas. Nada inmoral hay en todo eso, y más bien se trata de intercambios de gratitudes y confianzas. Ésa es la vida cotidiana y así funciona. Por más des-interesada que sea o aparente ser.

También lo considerado espiritual entra en este campo: discutir Aristóteles, o la deuda externa; hablar de Dios y de Teresa de Jesús; dar clases sobre el Antiguo o Nuevo Testamento; tomar lecciones de Meditación Trascendental. Cosas. Inter-cambio de ideas.

No es el tema el que define a la relación. Es el modo, la manera, la postura que se asume en la relación-con-el-otro.

El tema puede ser de santidad, pero nos *sirve* para pasar un buen rato, y en ese buen rato nos servimos recíprocamente, el uno y el otro, amablemente, cariñosamente, y es grato.

Desde ese punto de vista, por tanto, el tema puede tratar del ombligo de Adán o del FMI o de esa chica esplendorosa, la *cover girl* de la última semana, de la famosa revista esa que todos conocen.

El tema, pues, nada decide. Hablar de amor no es amar. Hablar de fútbol no es jugar al fútbol.

El Yo-Ello impera en el orbe de nuestras necesidades técnicas. Cuando está ahí cumple su función natural. Y eso es "bueno". Tomando un cafecito en la Recoleta, o comprando pianos para ejecutar en ellos al sublime Beethoven. No nos engañemos. Estamos para servirnos. Él sonríe, yo sonrío. Él me explica, yo pregunto. Charlamos, dialogamos, simpatizamos.

Dije "dialogamos". Perdón, fue un lapsus. Buber reserva la palabra "diálogo" para la relación yo-tú. En el yo-ello habla uno y habla el otro. Hablar, en este caso, es intercambiar monólogos.

TODO MEDIO ES UN OBSTÁCULO PARA NUESTRA COMUNICACIÓN

Atendamos ahora cómo es la relación Yo-Tú. Según Martin Buber: "La relación con el Tú es directa. Entre el Yo y el Tú no se interpone ningún sistema de ideas, ningún esquema y ninguna imagen previa. La memoria misma se transforma en cuanto emerge de su fraccionamiento para sumergirse en la unidad de la totalidad. Entre el Yo y el Tú no se interponen ni fines ni placer ni anticipación... Todo medio es un obstáculo. Sólo cuando todos los medios están abolidos, se produce el encuentro."

Yo-Tú es un encuentro. Persona a persona.

En *Yo y Tú* el filósofo escribe:

"La palabra primordial *Yo-Tú* sólo puede ser dicha con la totalidad del ser. La concentración y la fusión en todo el ser nunca pueden operarse por obra mía, pero esta concentración no puede hacerse sin mí. Me realizo al contacto del Tú; al volverme *Yo* digo *Tú*. Toda mi vida verdadera es encuentro."

Encuentro, aprendemos, es vida verdadera, auténtica, de plenitud, de uno mismo a raíz de otro mismo. Buber no ofrece una receta para que ese encuentro prospere. Comparado con las situaciones Yo-Ello, el Yo-Tú reluce por carencias de elementos mediadores. No estamos por el tema. No estamos por algún fin predeterminado o un programa o una intención especial. Estamos, y en el estar se produce el uno mismo de la novedad, el encuentro, que es lo no previsto, lo no planificado, lo in-servible, lo esencial.

No intentes programar

En otro escrito comenta Buber: "Cuando se sabe por qué se ama, es que ya no se ama".

"Por qué" es una razón, un motivo, una ajenidad a nosotros mismos. Si hay algo entre nosotros, nosotros no podemos encontrarnos.

No se puede programar, planificar. Si eso se hiciera se caería en la trampa del Yo-Ello que siempre es premeditado, que siempre tiene otra intención que el encuentro en sí.

El Yo-Tú prescinde, justamente, de lo otro. No hay Yo-Tú porque participemos de idénticas ideas o porque nos gusten los mismos pintores o porque nos sintamos bien el uno con el otro.

En otro libro, *El eclipse de Dios*, Martin Buber proporciona esta versión:

"Sólo cuando, después de reconocer la inapreciable diferencia de un ser, renuncio a toda pretensión de incorporarlo en alguna forma dentro de mí, o de hacerlo parte de mi alma, sólo entonces llega a ser para mí un Tú."

Luis Farré hace notar que la relación yo-tú es de compromiso, y no de mero patetismo lírico: "El tú responde a nuestra llamada y, a la vez, nos llama para que le respondamos. [...] Con los objetos es imposible el diálogo, en cambio frente al tú nos definimos y controlamos; nos revelamos y conocemos, para el tú y para nosotros. Por opaca que sea su presencia no podemos dejar de tenerlo en cuenta; obligados por lo tanto a decisiones." (*Antropología filosófica*.)

El otro en cuanto otro. Como yo, pero diferente. Re-conocerlo. Con-firmarlo. El ser-sin: sin nombre, sin apellido, sin status, sin ideas, sin currículum. El ser a pesar de todo eso. El ser des-nudo. Como Adán y Eva antes de que aprendieran a cubrirse y a encubrirse.

HACIA EL TÚ ABSOLUTO

Martin Buber, debe saberse, era hombre religioso. Sus ideales no eran meditativos, sino pragmáticos, ya que fundamentalmente ejerció la pedagogía. Quería como Marx modificar la realidad. Su teoría del Yo-Tú implica un enfoque místico, pero aquí, ahora, entre nosotros, y dentro de la responsabilidad histórica.

"Las líneas de las relaciones, si se las prolonga, se encuentran en el Tú eterno", comenta Buber. Dios es el Tú absoluto. La relación Yo-Tú, por lo tanto, trae consigo un hálito de divinización, de presentificación de lo divino aquí, entre nosotros, sobre la tierra, y en esta vida corriente, callejera, vulgar, sin necesidad de apelar a instituciones, iglesias o concilios.

Yo-Tú significa total entrega, total fe, total necesidad del otro, sin ningún tipo de condicionamiento. Para Buber la fe no es cosa de teología sino de vida comprometida.

En el Yo-Tú se da el compromiso.
En el Yo-Ello se da la transacción.

EL ORIGEN DE LA MELANCOLÍA

No hay manera de evadir o eludir el Ello. Las técnicas necesidades de la vida que ocupan la mayor parte de nuestro tiempo lo reclaman.

Lo triste es que la vida esté totalmente ocupada por el Yo-Ello, la cosificación, el valor de uso y competencia, el servir para algo, el servir para alguien. Y la fórmula agobiadora: somos lo que aprendimos a ser; aprendimos lo que se nos enseñó.

Se nos educa para ser individualistas, aunque también se

nos predica la generosidad. Se nos educa para ser eficientes, y eso implica producir cosas, dinero, éxito, aunque también se nos dice que el amor es el eje de la existencia. El doble mensaje prevalece, y aunque se predica el Tú, se practica el Ello. Y de ahí venimos, y en eso nos movemos.

Por eso es tan difícil este uno mismo del encuentro, del develamiento, de la anulación del eclipse de Dios que es el eclipse del yo-tú. Difícil, pero no imposible.

Hay que educarse. Mejor dicho, re-educarse. Des-aprender para aprender. Dura y grave tarea, como la de Sísifo. Pero de maravillosos resultados, cuando se dan. Porque finalmente *el Yo-Tú es el preludio del amor.*

Buber, el maestro, propicia una pedagogía del diálogo entre personas, no entre palabras o sistemas de ideas. Que el tiempo de la existencia no esté engullido por la ajenidad del Ello. Que haya algunos momentos de Yo-Tú, de trascendencia.

El Yo-Tú significa las "rotas cadenas" del Ello, del precio, del mercado. Liberación. Sin las máscaras de la conveniencia.

Yo-Ello y Yo-Tú son situaciones cambiantes en la dinámica de la existencia. Nada es definitivo. Todo es momento. Es decir *movimentum.*

IMAGINEMOS UN PLAN PARA SÁBADO A LA NOCHE

Imaginemos un ejemplo dramatizado: programamos encontrarnos en Corrientes y Esmeralda para ir al cine. Después, a comer a una pizzería. Más tarde, el paseo por librerías. Por último, a casa.

Es un plan corriente de Yo-Ello sumamente normal, moral y hasta deleitoso en su finalidad. Tú me acompañas, yo te acompaño, y así lo pasamos mejor. Tú comentas, yo comento. Hablamos. Un buen rato.

Nos encontramos. Realizamos el plan previsto. En la pizzería, de pronto, la comida, el cine, nuestros diálogos repetitivos, pasan a un segundo plano. Nos des-cubrimos. Se produce una relación profunda. Personal. Es como si se corriera o rasgara el velo —de ahí viene el término re-velación— de la programación, y apareciera la persona en su desnudez de ser, y en su pureza de necesitar del otro en calidad de otro, sin cálculo de servicios o utilidades.

La vida, por tanto, es Yo-Ello. Pero hay que estar preparado para la irrupción del Yo-Tú, y saber captarlo, como mariposa al vuelo, vivirlo, serlo, como un oasis en el océano de hipermercado en que vivimos.

¿Y cómo sigue esta historia del encuentro entre dos que se dio en pleno y abigarrado mundo programático?

Nos vemos al día siguiente. Recordamos el deslumbramiento de la noche transcurrida. Pero ahora, a la mañana, nada quedó del fulgor nocturno. Lo de siempre. Los diálogos entre nosotros. La rutina, las máscaras, la programación. Las palabras que arriesgan:

—¿Te acordás qué bien lo pasamos anoche?

Frases clasificadoras. Anulan la vivencialidad de la vivencia. La tornan dato. Banco de datos. Ello. Ordenamiento. Estampado de la foto. Ello ha retornado y ahí está, entre nosotros. Mi exceso didáctico tiene por finalidad introducir la siguiente apreciación de Martin Buber:

"La exaltada melancolía de nuestro destino reside en el hecho de que en el mundo en que vivimos todo Tú se torna invariablemente en Ello."

VALE LA PENA

Melancolía. Pero vale la pena. Vale la melancolía. Si el Tú más querido no puede escapar a la "elloización" natural, también cabe la esperanza de que en otro momento vuelva a ser Tú, y que el Ello de siempre en algún instante, milagrosamente, se torne Tú. El acontecimiento en su pureza es Tú. Cuando se lo institucionaliza, se torna Ello.

La tendencia natural es a poner nombres, fijar en palabras y concluir armando recetas. Eso justamente es lo que da seguridad a la vida, pero también es lo que impide vivir en uno mismo, en la autenticidad.

Pero no hay condenas ni predeterminaciones. El matrimonio puede una y otra vez albergar al Yo-Tú del amor. Los hijos pueden amar a sus padres, siempre y cuando no se les ordene hacerlo porque así lo establece el código societario.

Libertad. Ése es el reino del Yo-Tú. Libertad para ser, dejar de ser, dejar ser, infinitamente dentro del marco finito de la existencia.

"El Ello es la eterna crisálida. El Tú es la mariposa eterna."

Tan apresados estamos en el estrato del Ello que las palabras de Buber nos suenan poéticas, místicas, metafísicas. Y sin embargo aluden a una real realidad, quizá la única que da sentido a tu experiencia vital y te hace uno mismo.

LA REVOLUCIÓN DE LA RELACIÓN

Martin Buber era un revolucionario, muy terrenal. Sólo que su programa rebelde no se hace con misiles ni con parlantes desde plazas públicas o balcones. Es pedagógico.

Ni el infierno del individuo versus el individuo.

Ni el disolverse en masas anónimas.

Yo y Tú. Una comunidad de personas.

En su libro *Caminos de utopía* escribía Buber: "El encuentro del hombre consigo mismo, no podrá verificarse sino como encuentro del individuo con sus compañeros, y tendrá que realizarse así. Únicamente cuando el individuo reconozca al otro en toda su alteridad como se reconoce a sí mismo, como hombre, y marcha desde este reconocimiento a penetrar en el otro, habrá quebrantado su soledad en un encuentro riguroso y transformador."

CAPÍTULO V

CAPÍTULO PARA ARMAR

Metodología para la lectura de este capítulo

Como nos enseñó Julio Cortázar, lea el capítulo que sigue como le venga en gana: una página sí, tres no, de atrás para adelante, del medio para el costado, etcétera.

El espacio libre entre los fragmentos es para que usted, después de haberlo discutido con su esposa, compañero, colega, hijo mayor o nieto menor, incluya en el libro sus opiniones o reacciones al respecto.

También puede no hacerlo. Pero si no lo hace, sentirá la culpa de no haberlo hecho y un uno mismo con culpa no es recomendable por las complicaciones que trae: se le contrae la piel, proyecta pálidas y definitivamente no tiene buena imagen.

En fin, haga lo que quiera. Así lo escribí también yo. Porque, me dije, así se estila ahora, y también yo quiero ser posmoderno y me salió este collage.

(Mi correctora al pie de página comenta: "¿A qué viene?" Yo le respondo: "Es literatura interactiva".)

Historias de almanaque, de Bertolt Brecht

"—¿Qué hace usted —preguntaron un día al señor K.— cuando ama a alguien?

—Hago un bosquejo de esa persona —respondió el señor K.— y procuro que se le asemeje lo más posible.

—¿El bosquejo?

—No, la persona."

Trabajo práctico:

Aplique lo anterior a su mejor amigo, esposo, verdulero, a Clinton. A uno de ellos en relación con usted. A los demás déjelos en paz. Vuelque sus impresiones al papel.

ANDROCLES Y EL LEÓN

Androcles era uno de aquellos judeo-cristianos que fueron capturados en Roma y lanzados al circo, para que los leones y la gente en las gradas pudieran divertirse.

Androcles se hizo famoso porque cuando le tocó el turno, el león que le salió al encuentro lo miró, lo estudió y se negó a tocarlo. El hecho causó furias múltiples: de la gente, del emperador, del amaestrador de leones. Y también causó leyendas varias que se tejieron en torno. Hasta llegar a G. B. Shaw, que magistralmente urdió la suya.

El tema, en lo que a mí toca, me estuvo dando vueltas en la cabeza y he aquí un granito de arena de colaboración y fantasía para tópico tan gastado. Todos saben que el león no quiso devorar a Androcles porque tenía un alma muy animal —iba a escribir humana, perdón—, y por tanto guardaba gratitud.

Es que Androcles, años atrás, lo había encontrado en el bosque o en algún otro lado (esto está imitado de Borges, declaro), gimiendo, y sigilosamente se le acercó y así le descubrió una espina en la patita (tan tierno era) y se la quitó. De ahí la memoria de gratitud de aquella bestia antirromana.

La versión que yo encontré, valga la modestia, traza otro perfil caracterológico del león, algo más psicoanalítico y cercano a la realidad humana. La gratitud, después de todo, siempre tiene un lado de resentimiento. Deberle algo a alguien implica, de algún modo, sentirse humillado por ese alguien. Por eso en ciertas tradiciones monoteístas no se dice "haz el bien sin mirar a quién", sino al contrario: "haz el bien, sin que el otro se entere quién", es decir, quién hizo el bien, para que ese sujeto no se transforme en objeto de gratitud y resentimiento a la vez.

Y eso le pasó al león. Ésta es la versión que traduje del acádico:

"Muy disgustado estuvo el león con Androcles, si bien se cuidó de hacérselo notar. Androcles le había quitado la espina. El león debía estarle agradecido. Y lo estaba. Pero sus relaciones se habían tornado ficticias. La gratitud los asfixiaba. Todo se había desvirtuado. Continuamente debía mirarlo a los ojos con teatral ternura y lamerle los pies. Hubiera preferido seguir con la espina, con los rugidos desaforados. Pero, ¿cuánto tiempo puede un desdichado león engañar a un humano y perspicaz Androcles? No mucho, por cierto. Finalmente Androcles descubrió la verdad. El león fue presa de una crisis nerviosa y sin poder reprimirse más le dijo:

—Androcles, te lo ruego, devuélveme la espina.

Androcles, siempre humanísimo, con estudiada gravedad

extrajo del bolsillo trasero del pantalón un estuche donde guardaba la preciosa e histórica espina. Solemnemente se la clavó en el brazo.

—Quítamela —le dijo al león heroicamente— y recobrarás la paz.

El león, asqueado y más dolorido que nunca, le respondió:

—Gracias. Acabo de recuperar el dolor."

Trabajo práctico:

Reúna a la familia. Léales la historia de Androcles y el león. Pregúnteles con quién se identifica cada cual. Que lo escriban en papelitos previamente distribuidos, y todos del mismo tamaño. Que no firmen. Que razonen su elección. Después se juntan todos los Androcles, todos los leones, todas las espinas, todos los coliseos romanos, etcétera, y se hace algo interesante con todo ello.

¡Sea creativo, no espere que se le ordene todo! ¡Sea uno mismo!

METAFÍSICO DIÁLOGO DEL RATÓN Y EL GATO

El ratón le dijo al gato:
—Juguemos.
—¿A qué?
—A la persecución eterna.
—¿Las reglas del juego?
—Mantener una distancia prudencial.

Trabajo práctico:

¿Qué juego perverso es el del gato? ¿A qué juega usted cuando juega? ¿Cuándo gana? ¿Cuándo pierde? ¿Qué es preferible en este juego, ganar o perder? Si no lo capta bien, lea el cuento que sigue, que es mucho más fácil. Luego escriba sus impresiones.

EL RELÁMPAGO

Tú nunca sabes dónde ni cuándo surgirá el relámpago de la dicha. Más aún: no puedes saber. Por eso, precisamente, puedes ser feliz. Pero es un relámpago. Es un instante incandescente. Es el alma hecha fugacidad.

Algunos idólatras eternizan el místico chispazo, lo transforman en mito, en concepto, en receta transmisible. Otros prosiguen flotando en las turbulentas nubes de la incertidumbre hasta la próxima revelación. Nada existe. Nada es cierto. Excepto lo que ocurre. El hombre espera. Es su fin natural. Es su quehacer. Su fin absurdo, desesperar. Hallar. Ser deslumbrado. Recordar. Esperar.

Trabajo práctico:

¿En qué consiste hoy la idolatría? ¿Usted la practica? ¿Y sus amigos qué tal? Charle con ellos sobre este tema y compongan juntos una monografía. Trabajo sugerido sobre todo para tardes lluviosas de enero, en la costa. Ya fue probado en otros países, y la gente se divirtió mucho y me envió cartas de agradecimiento. No obstante conviene ir practicando en el invierno, así uno llega al verano en buen estado espiritual.

EL AMOR COMO CONTROL DEL OTRO

Carl R. Rogers hace ver que en más de una ocasión el amor es el control del otro. "Aun con nuestros hijos, los amamos para controlarlos y no porque los apreciemos."

Trabajo práctico:

¿A usted le parece? ¿No se siente ofendido por las palabras de Rogers? Yo las incorporo al libro porque me siento malherido y quiero compartir mi dolor con usted. O tal vez haya que pensar... No sé, francamente. Se lo dejo.

EL ARTE DE APRECIAR

Ese amor que juega al altruismo puede ser uso y abuso de control sobre el otro. Porque no sé qué hacer con el otro. Porque no sé qué hacer conmigo mismo, con nosotros.

El otro es mi infierno, mi negación, mi límite. Pero es mi espejo, mi paraíso, el rebote de mi narcisismo, mi necesidad.

"Apreciemos" es la última palabra en el párrafo anterior

de Rogers. Apreciar es dejar ser. El otro en sí, por sí, para sí. No para mí. ¿Quién sabe apreciar? ¿Quién fue educado para apreciar? ¿Cómo se hace?

"Apreciar plenamente al individuo del mismo modo en que apreciamos una puesta de sol. Las personas son tan maravillosas como una puesta de sol si las dejo ser."

Como una puesta de sol. ¿Qué se hace con una puesta de sol? Nada. ¿Para qué sirve una puesta de sol? Para nada. Todo lo que se puede hacer es dejarla ser. En eso consiste su belleza. En su fluidez ontológica. En su total independencia de mí y de cualquier contemplador. In-dependencia. Libertad.

Habla Rogers: "Cuando contemplo una puesta de sol no digo: Suavice un poco el naranja en el lado derecho y ponga un poco más de púrpura a lo largo de la base, use más rosa en el color de la nube. No lo hago. No trato de controlar una puesta de sol. La admiro a medida que pasa".

Trabajo práctico:

Relean el texto usted y su cónyuge o pareja, o amigo, o partenaire, en fin, con quien quiera, y juntos mírense uno a otro para ver si realmente se aprecian como si cada uno fuera una puesta de sol. Escriban sus impresiones. Este juego ya no es para la playa en verano, sino más bien para las noches lluviosas en invierno, cuando no hay nada que ver en la tele, porque el nene se la apropió. Y el miedo a los hijos impide quitársela.

HOMERO Y EL ORÁCULO

Esto se cuenta en libros de Aristóteles:

"Homero interrogó al oráculo para saber quiénes eran sus padres, y cuál su patria, y el dios respondió así:

—La isla de Ios es patria de tu madre, y te acogerá cuando mueras; pero tú guárdate del enigma de los hombres jóvenes.

No mucho después llegó a Ios, allí vio a unos pescadores que se acercaban a la playa y les preguntó si tenían algo. Éstos, como no habían pescado nada, y de aburridos y angustiados, para ocupar las manos y despejar la mente se dedicaban a despiojarse, interrogados por el pasajero, dijeron:

—Lo que hemos atrapado lo hemos dejado, lo que no hemos atrapado lo traemos.

Aludían obviamente a los piojos, a los que cuando los atraparon los mataron, y a los que no atraparon, los llevaban puestos.

Homero creía que estaba ante un enigma que no podía descifrar, y murió de aflicción."

Moraleja: hay enigmas universales, y ésos son descifrables. Los enigmas que brotan de la experiencia personal sólo valen para esa persona, y el ajeno se queda definitivamente afuera.

Homero nunca debió intentar siquiera saber a qué aludían esas palabras.

Trabajo práctico:

Perdón por haber escrito la moraleja. Se me fue la mano, y yo sólo hice el trabajo práctico. Pero usted puede llevar el cuento a la oficina o a un cóctel, y lucirse con él, y poner a prueba la inteligencia de los demás. Lo aplaudirán, ya verá.

DE TODO LO QUE YO SÉ Y DE TODO LO QUE ME FALTA APRENDER

Hay un saber impersonal, que puede ser participativo para los miembros de una familia, de una sociedad; es el saber de la rutina, de la liturgia establecida. Ayuda a vivir y dispensa de pensar.

Yo sé cumplir años. Conozco los bonetes, el papel picado, la serpentina. Sé cómo se hace todo eso. También sé reírme en voz alta cuando salta el corcho de la sidra o del champagne y todos gritan ritualmente para acompañar mi fiesta con su fiesta. Y la música que sigue, y el baile que sigue después, y el cantito, y la vela, y la torta. También sé abrir los regalos y decir frases, comentarios múltiples, que año a año se repiten para mostrar que soy feliz a toda esa gente que es feliz viéndome feliz. Risas. Festejos. La amplia sonrisa de gratitud. Todos los años.

Eso es lo que sé. Ahora necesito aprender a cumplir días. Sin tarjetas floridas y frases famosas. Días en plenitud, con recato, con silencio.

Trabajo práctico:

Festéjele al ser más querido el cumpleaños pero en cualquier día del año, cuando se le ocurra, y de la manera más insólita. Al principio producirá asombro, le aviso. Yo lo practiqué una vez con mi esposa y logré ese efecto. Después supo comprenderme. Tenga paciencia, eso sí.

EL NÚMERO 3

En casa de Thoreau —autor de *Walden*, una utopía acerca del retorno a la vida natural, en los bosques—, había tres sillas. Dos para la sociabilidad. Una para la soledad.

Esto me recuerda a Rilke que decía, a propósito del número 3, que esa cantidad de nombres debe tener un hombre: uno para los demás; otro, para sí mismo; y un tercer nombre, oculto, exclusivo, para cuando Dios lo llame.

Trabajo práctico:

¿Qué asociaciones le produce el número 3?

LOS PRINCIPIOS DE GORGIAS

Gorgias, coetáneo de Sócrates, de cuya obra quedaron fragmentos dispersos, expresa en uno de ellos sus principios: "El primero, que nada existe; el segundo, que aunque algo exista es incognoscible; y el tercero, que aunque sea cognoscible no se puede comunicar ni explicar a los demás".

Trabajo práctico:

Entiéndalo, explíquelo a otro; para saber si el otro entiende lo que usted le explicó, llamen a un tercero y que ese otro se lo explique a su vez al tercero. Tan sólo entonces puede irse a dormir tranquilo. Escriba sus impresiones.

¿QUÉ SIGNIFICA CREER?

¿Qué significa creer? Decía un maestro cabalista: "Dios mío, cuando digo creo quiero decir que quisiera creer, y esto te pido, que me ayudes a realizar ese querer".

El problema de Dios es que está signado por una palabra, y nosotros tenemos esa vetusta educación de creer que porque pronunciamos la palabra estamos diciendo algo.

Nuestro mundo está hecho de palabras. Sólo cuando la palabra estalla, y no la necesitas, y se produce el encendido de la chispa sabes que ALGO pasa.

En la concepción de la Cábala la realidad está hecha de letras, no de palabras. La palabra es el congelamiento del acontecer, y por tanto su prisión, su distorsión.

Debemos liberarnos de las palabras, que son los velos que desdibujan todos nuestros paladares. Volver a las letras. Recombinarlas. No bañarnos dos veces en la misma palabra. Que aunque sea la misma no sea la misma, sea siempre diferente, productora de fulgores inéditos, de visiones inesperadas.

—Aconteceré el que aconteceré.

Letras, números, son el diseño que más nos aproxima al infinito, al movimiento perpetuo, sumas, restas, dibujos, pero todo en forma de nube, hacia la pasajeridad, porque cada día es nuevo bajo el sol, y reclama un nuevo canto.

Trabajo práctico:

Tome la palabra "destino", dé vuelta las letras en diferentes combinaciones y verá cuántas bellezas descubre. También aprenda que las letras valen números: a=1, b=2, etc. Sume los números de una palabra y busque otra palabra que numéricamente valga lo mismo, y vea cómo se engarzan los respectivos significados de esos términos. Y medite luego sobre el papel.

UN NUEVO CANTO

"¡Cantad a Dios un nuevo canto!" Así dice la liturgia de los *Salmos* bíblicos.

Lo leo y me impresiona. Palabras tan sencillas y sin embargo tan entrañables, como si guardaran la quintaesencia de toda sabiduría posible:

¡Un nuevo canto! No el de ayer, no el aprendido, no el enseñado por los grandes. Un nuevo canto, de un nuevo ser. Canta si te sientes nuevo, y sin duda el canto será nuevo. Y si no, en cuanto a Dios se refiere, no cantes. ¿Para qué hacerle favores inútiles?

Trabajo práctico:

¿Qué idea tiene usted de Dios? ¿Usted practica esa idea? ¿Ha experimentado alguna vez un nuevo canto que le salga del interior, sin premeditación? Escríbalo.

GIMNASIA MENTAL

En el citado *Almanaque* de Brecht también figura este fragmento.

"El señor K. formuló en una ocasión las preguntas siguientes:

—Todas las mañanas mi vecino pone música en un gramófono, ¿por qué pone música? Dicen que para hacer gimnasia.

¿Por qué hace gimnasia? Porque según dicen necesita fortalecer sus músculos. ¿Para qué necesita fortalecer sus músculos? Como él mismo asegura ha de vencer a los enemigos que tiene en la ciudad. ¿Por qué necesita vencer a sus enemigos? Porque según he oído decir no quiere quedarse sin comer.

Tras enterarse de que su vecino ponía música para hacer gimnasia, hacía gimnasia para fortalecer sus músculos, fortalecía sus músculos para vencer a sus enemigos y vencía a sus enemigos para comer, el señor K. preguntó:

—¿Y por qué come?"

Trabajo práctico:

¿Qué le enseña la parábola recién leída? ¿Usted por qué hace las cosas que hace? ¿Cuánto de uno mismo hay en usted y en la gente que lo rodea? Vuélquelo al papel.

TIEMPOS DEL VERBO AMAR

Otro relato. De Marco Denevi, esta vez. Del libro *Reunión de desaparecidos*. Cuenta una historia de 1923, cuando Felicitas, que pertenecía a la mejor sociedad, fue visitada por Natalio.

"Natalio estuvo como una hora hablando de museos, de iglesias, y hasta mencionó unas ruinas de Italia, que, sin que lo hubiera hecho adrede, son la debilidad de Felicitas según ella me enteró después. Así que como usted se imaginará Felicitas se enamoró perdidamente de Natalio nada más que porque lo vio una vez en mi casa y lo oyó hablar durante una hora seguida."

Natalio viaja al exterior. Felicitas visita a la narradora esperando noticias de Natalio. Llega una postal de Roma "con un edificio hecho pedazos, se la mostré a Felicitas y mire si estaría enamorada que besó la tarjeta y después se puso a llorar". La narradora le aconseja que no tome en serio lo de Natalio que es un joven que anda por el mundo y los hombres son veletas. Felicitas le contesta que le debe amor eterno.

Se enteró el padre del muchacho que éste se había metido con una loca francesa, y volvió con Natalio, a quien fue a buscar. Felicitas, inocente, se alegra del regreso. La señora aquélla la invita para cuando venga Natalio, pero le dice que tenga esperanzas.

El encuentro, a solas, parece que resultó un desastre. Le preguntó qué tal le había ido. Ella le dijo "que no estaba enamorada de Natalio, que había sido un entusiasmo pasajero, una cosa del primer momento. Pero que ella no podía enamorarse de verdad de un hombre que creía que *La Gioconda* era de Miguel Ángel y que el Museo del Prado quedaba en París".

La narradora dice que no entiende el comportamiento de Felicitas, ya que en esa tarde Natalio no habló para nada de esos temas. En cambio sí lo hizo un año atrás, el 17 de febrero de 1923, en que Felicitas lo vio por primera vez y se enamoró perdidamente de él.

Cosa de locos. La primera vez que se vieron ella decidió

enamorarse de él, y por tanto, como pretexto se inventó todo un decir que él no dijo. Luego, cuando surgió la frustración, brotó el otro relato, no el que ella había escuchado, sino el que él efectivamente había realizado y le sirvió a ella de pretexto, ahora, para ser ella quien lo abandonara.

Cosa de locos. "La loca de la casa" le llamaba Teresa de Jesús a la imaginación.

Trabajo práctico:

Ya que mencionamos a Teresa de Jesús, lea Las Moradas. *Tómese su tiempo. O, en reemplazo de la tarea anterior, escriba una breve biografía de su intensa vida mostrando cómo escucha lo que quiere y cómo, cuando quiere, deshace lo escuchado y lo transforma en otro relato. Si se enoja, más vale que no haga nada.*

TODO PUEDE SER UNA FANTÁSTICA EXPERIENCIA

Les cuento un ejercicio que proponía Alan Watts, un pensador que se nutre de las más profundas filosofías orientales.

Joseph Campbell, estudioso de los mitos y de la filosofía oriental, le contaba un día a su amigo Alan Watts, experto en budismo, que tenía un problema con su pareja: siempre que fijaba una hora para encontrarse con ella, que se llamaba Jean, llegaba infaliblemente media hora más tarde.

"—¿Qué puedo hacer al respecto? —preguntó—. Me aburro y cuando ella llega siempre estoy malhumorado."

El amigo le dijo:

"—Tu problema es que quieres tenerla allí contigo y estás deseando una situación que no es la situación en la que te encuentras. Trata de comprender que estás arruinando la experiencia que podrías estar teniendo mientras la esperas, pensando que debería ser otra."

La idea, pues, hacía radicar el mal no en que ella llegara más tarde, sino en que él se aferrara dogmáticamente a cómo debían ser las cosas mientras, en realidad, eran de otra manera. En lugar de exasperarse, recomendó Alan Watts, debía aprovechar la situación in-esperada tal cual se presentaba y vivirla en plenitud en esa calle o esquina o café. Porque mientras Joseph estaba ahí esperando la vida transcurría y sucedían acontecimientos, situaciones varias, y se las perdía si se obstinaba en pensar que eso era malo y que lo bueno no acontecía.

Joseph Campbell siguió el consejo de su amigo.

"Me dije: No debería estar pensando que Jean debería estar aquí. Miraré alrededor y veré qué está pasando. ¿Y saben?, el sitio donde estaba se volvió tan condenadamente interesante que ya no me aburrí en lo más mínimo."

Trabajo práctico:

Llegue tarde, consuetudinariamente, a las citas con la misma persona y observe su reacción. Sin lugar a dudas esa per-

sona estallará en ira jupiterina. Usted, entonces, léale el frag-
mento anterior, y la educará para disfrutar de sus llegadas
tarde. Sin lugar a dudas esa persona lo/a besará sumamente
agradecido/a.

LA INSOLENTE MARAVILLA DEL YO

"Hoy en día se hace más y más difícil ser uno mismo, encontrar un terreno atípico para el idioma, el estilo físico y los
hábitos de la sensibilidad de un ser humano. Bajo la carrera
del émbolo de los medios masivos de comunicación, de la propaganda franca o subliminal, hasta nuestros sueños se han
vueltos más uniformes.

Como el pan que comemos, gran parte de nuestra manera
de ser viene ya empaquetada. Solamente en secreto celebra-
mos la insolente maravilla del yo..."

Así opina George Steiner en *Extraterritorial*.

Trabajo práctico:

Analice la frase: "gran parte de nuestra manera de ser ya viene empaquetada". Adivine a qué alude el título del libro, Extraterritorial. Medite por escrito.

CONTRA LA IMBECILIDAD OPTIMISTA

La burla al optimismo rabioso, sobre todo el que se apoya en Dios, hecho a medida del hombre y de sus deseos, y temeroso de perderlo a causa de tanta injusticia que hay en el mundo y la historia, la practicó también rabiosamente Voltaire en su *Candide*:

"'Todo está rigurosamente encadenado en el mejor de los mundos imaginables', decía a veces Pangloss a Cándido; porque la verdad es que si no os hubieran despedido de un hermoso castillo por el amor de la señorita Cunegunda, si no os hubieran metido en la Inquisición, ni hubiéseis recorrido a pie

América... no comeríais aquí azambogos confitados y pistachos."

En efecto, dice el optimista Pangloss en su sardónico discurso, el mal es sumamente favorable; tarde o temprano produce bienestar. Hay que tener paciencia, eso es todo; saber esperar mientras se sufre horrores. Y darse cuenta de que si uno pierde una pierna puede ganar una nueva profesión, por ejemplo, la de saltimbanqui; o si echan a tu hijo del colegio secundario habría que agradecer a Dios, porque a Churchill le pasó lo mismo; y si vas perdiendo la vista, alégrate porque te volverás Borges. No hay mal que por bien no venga, como todos saben. Éste es principalmente el eje central del discurso de todos los políticos.

El optimismo afirma que vamos bien encaminados hacia el bien, que es el bien de la Humanidad y de la Historia, y que los males intermedios son medios inevitables en el rumbo hacia la Gran Felicidad; la Inquisición es imperiosamente necesaria para la ulterior salvación de las almas, el capitalismo es pieza fundamental para arribar al mesianismo marxista, la astucia de la razón, dice Hegel, conduce sabiamente este proceso que anda mal pero terminará bien.

Después de todo, para seguir este razonamiento, si no fuera por Hiroshima hoy no habría el Japón pujante y progresista que tenemos, y la cantidad de televisores, teléfonos, microondas y sobre todo relojes que desde ese Oriente luminoso nos llegan.

Diríase que la astucia de la razón es tan sutil y dialéctica que constantemente se procura nuevos males y miserias inéditas para, de ese modo, conservar el impulso creativo *ad aeternitatem*.

SIEMPRE QUE LLOVIÓ, PARÓ

—¿Qué es el optimismo? —preguntó Cacambo, en la citada obra de Voltaire.

—Es el prurito de sostener que todo es bueno cuando es malo —contestó Cándido.

116

La teoría del optimismo es de los sacerdotes de la religión que protegen a Dios de cualquier ataque. Si este mundo no satisface, habrá otro, futuro, que es el verdadero, y donde los valores se reconocerán deslindando oros de cobres y ángeles de demonios. En los libros fundamentales del monoteísmo jamás se dijo tal cosa, porque jamás se aceptó que Dios hiciera la historia. Hizo el mundo, y se fue a descansar.

El resto es cosa nuestra. Pero los teólogos profesionales, para no meterse con los hombres, con los políticos, con los economistas, con los guerreros, prefieren mirar el cielo donde rige la ley de que siempre que llovió, paró.

El razonamiento básico, en la pieza de Voltaire, se expresa así:

"De las desventuras particulares nace el bien general; de modo que cuando más abundan las desdichas particulares más se difunde el bien."

Ése, exactamente, es el mensaje que los políticos-gobernantes del mundo manejan y con tono predicador, de tiempo en tiempo, imprimen en nuestros corazones. Es la razón de ser de la República, que a su vez es un momento del ser de la Historia, que a su vez no puede fallarme el *Nous* (el grado superior de la razón) del cosmos.

Cándido y su amigo Pangloss recorren culturas, sociedades, sistemas, éticas, hombres, ideas. El mal es lo que les ocurre; el bien es lo que se les dice y explica. Entre tantos encuentros hay uno que sobresale, a mi gusto, y es con un derviche extraño:

"—Maestro —dijo Pangloss al derviche—, hemos venido para rogaros que nos digáis por qué ha sido hecho como es, un animal tan raro como el hombre."

Hermosa pregunta. Sucesivas generaciones la repiten; la mayoría de los sesos pensantes de los siglos transcurridos y futuros se exprimen en tan delicada cuestión. Pero el derviche es poco civilizado y responde brutalmente para el fino oído de un hombre de Occidente decantado y decadente:

"—¿Y para qué te metes tú en eso? —contestó el derviche—. ¿Es esto incumbencia tuya?"

Ese derviche carece de reglas de urbanidad y de mente filosófica. Aparte es un egoísta, ni se interesa por el Hombre y su Destino, ni por el prójimo de la calle, dice que "los que se inmiscuyen en la cosa pública acaban con frecuencia miseramente" y también afirma: "jamás siento curiosidad por lo que hacen en Constantinopla, adonde me limito a enviar los productos del huerto que cultivo". Monumento al egoísmo, totalmente encerrado en sí mismo, su huerto, sus cosas, y para nada preocupado por los grandes temas del hombre y sus acciones en distintos puntos de la Tierra. Se limita a trabajar su huerto con sus hijos y considera que de ese modo logra ahuyentar "tres grandes males: el tedio, el vicio y la necesidad".

De ahí surge la gran lección, la única que es capaz de inferir Cándido, y con ella concluye la pieza de Voltaire:

"Lo único que debemos hacer es cultivar nuestra huerta".

Trabajo práctico:

Esa última frase puede interpretarse como un proyecto favorable para la humanidad o como un plan nefasto. Ensaye usted por escrito la defensa de ambas posibilidades.

CAPÍTULO VI

UN HOMBRE SIN PALABRAS

BILLY BUDD, MARINERO

Era un marinero. La historia comienza en 1797 y es de la pluma de Herman Melville. Barcos, tripulaciones, hombres de arriba y de abajo. Billy fue reclutado y "fue como un cura católico que predique paz en una pelea de irlandeses. No es que les predicara ni hiciera nada especial, pero de él salía una virtud que endulzaba a los agriados. Se pegaron a él como tábanos a la miel". (*Billy Budd, marinero.*)

Un tipo raro, distinto, pacífico, angelical, en un mundo de ruidos, alcohol, algarabía, violencia, matonismo. Un hombre sin pasado, sin padre, sin madre, expósito, nadie. Analfabeto. Perfecto en su pureza. "Conciencia de sí mismo —comenta el autor— parecía tener poca o ninguna, o cuanto podemos atribuir razonablemente a un perro de San Bernardo."

De mi coleto añado: no había en él mal; la pureza innata-natural-de-animal impide la presencia de la conciencia de sí que gira sobre el eje de la mala fe. El protagonista es una especie de pre Adán, desprovisto de caída, no-civilizado, es decir no corrupto por las contradicciones, mientras que el hombre por completo civilizado, aun en una decente muestra de su especie, tiene un regusto, para ese mismo paladar moral, como el de vino mezclado.

Como era un no-civilizado, no disfrutaba Billy Budd del efecto civilizatorio mínimo que todos los adanistas-cainistas detentan: la palabra fácil, rápida, la frase hecha, la expresión rauda. Le costaba hablar. Tenía una dificultad técnica, una especie de tartamudeo. Según el autor, eso indica que el Maligno siempre mete la cuchara. Según mi humilde interpretación, los autores son pésimos comentaristas de sus propias obras, y Billy Budd era perfecto de imperfección palabrera, al igual que Moisés, elegido de Dios y no del Maligno, para luchar contra la esclavitud y las pirámides, donde mueren las palabras.

Billy Budd no necesita de las palabras, se las arregla bien sin ellas, tampoco requiere de subterfugios y argucias. Su defecto es su perfección.

EL INOCENTE ES EL MEJOR CANDIDATO A SER CULPABLE

El resto son los otros. Con los compañeros va bien, según vimos, lo aceptan, lo quieren. Con los de arriba también congenia. Los del medio son un problema. Los que juegan a dioses. Los que no son proletarios ni dueños de la empresa, sino capataces, mediadores del poder, resentidos del poder, los "kapos" (la palabra, en efecto, se escribe así en su origen alemán y así se llamaba a los encargados de los campos de concentración).

Claggart, el maestro de armas, lo odia. No tolera su pureza. Necesita culpables, que todos sean culpables, presentes o potenciales, para que él pueda hacer restallar el látigo de la justicia. Billy Budd no puede ser culpable, eso enloquece a cualquier hombre de principios y de buena moral salvacionista del Hombre. Billy Budd refuta a Claggart con sólo existir.

"El maestro de armas era quizá el único hombre del arco intelectualmente capaz de apreciar de modo adecuado el fenómeno moral que ofrecía Billy Budd. Y esa comprensión no hacía sino intensificar su pasión, la del desdén único; desdén de la inocencia, no ser más que inocente."

Hay que desprenderse de Billy Budd. Debe ser culpable. Claggart maquina los medios y los fines, ordenadamente. Delante del capitán acusa a Billy Budd de traición, de incitación al motín y de mil infamias más. Billy Budd es citado.

¿ELIGIÓ BILLY BUDD EL ACTO Y SUS CONSECUENCIAS?

Ahí están el juez, el fiscal, el acusado. Claggart hace sus cargos. Billy Budd es presa de la furia de la indignación. Quiere responder. No le salen las palabras. No está acostumbrado a las palabras. Ahora las necesitaría, pero no las tiene, porque le falta entrenamiento. Entonces se abalanza sobre Claggart y lo golpea. El fiscal cae, se desnuca, muere. Billy Budd es finalmente culpable, es un homicida.

¿Eligió Billy Budd la criminalidad? ¿Quiso matar a Claggart? ¿Lo mató, realmente? ¿No es que lo golpeó? ¿No fue la culpa de Claggart?

¿Dónde está la fotografía y dónde la radiografía? ¿Qué es texto y qué pretexto? ¿Qué signo es denotativo y cómo se ha de manejar la connotación? ¿Era Billy Budd inocente?

Comienza el juicio en los altos mandos del navío. Los oficiales defienden la inocencia de Billy Budd: nunca quiso matar, sino tan sólo rechazar las acusaciones de Claggart y al no disponer de lenguaje verbal lo hizo con un gesto físico de consecuencias desgraciadas. Billy Budd era inocente.

El capitán anuncia que comparte el sentimiento del resto del jurado. Sin embargo, el sentimiento deviene de la naturaleza explican, pero ellos, los hombres de ese navío, no pertenecen al reino de la naturaleza sino al reino del Rey. "Aunque sea el océano, prístina naturaleza inviolada, el elemento donde nos movemos, ¿acaso como oficiales del Rey, nuestra obligación se encuentra en una esfera análogamente natural?"

Somos súbditos de un rey, de un orden, de una organización. Ése es nuestro ser. El significado de los significantes lo decide ese orden, esa sociedad, y sus correspondientes normas. Disciplinas.

La disciplina indica que cuando Billy Budd fuera ejecutado apareciera el capellán para salvar el alma eterna del hombre pasajero.

"Un capellán es el ministro del Príncipe de la Paz sirviendo en las huestes del dios de la guerra: Marte. Como tal, es tan incongruente como sería en Navidad un mosquete en el altar.

¿Entonces, por qué está ahí? Porque indirectamente se somete a los propósitos atestiguados por los cañones: porque él también presta la sanción de la religión de los pacíficos a lo que prácticamente es la anulación de todo lo que sea la fuerza bruta."

La incongruencia es parte de la Norma, es la argamasa del Orden y la fuente de toda congruencia jurídica.

Billy Budd es el accidente de Billy Budd.

NADIE ES CULPABLE, TODOS SON RESPONSABLES

Uno elige, en su mundo interior. Pero la acción se desarrolla en el mundo exterior, y ahí la elección se cruza con otros elementos que la configuran e inclusive la desvían, para bien o para mal, de su primer origen, el interior.

Se elige pero no se elige. Ésta es la incongruencia de la libertad. Lo que el otro percibe es real, porque esta ahí, sucede, ocurre, pero no es lo que yo elegí, es ajeno a mí, y sin embargo no es mía. Paradoja del ser de dos mundos, el de adentro y el de afuera, el de la impresión y el de la expresión.

A juicio del Rey y del capitán que lo representa, era *culpable*. A mi juicio era meramente *responsable*: lo hizo o, mejor dicho, terminó haciéndolo, y así le salió, con o contra su voluntad más recóndita.

La incongruencia reside en que El Poder por una parte ahorca y por otra siente piedad y conmiseración y coloca capellanes en el medio. Yo admiraría mucho más a ese capitán y a sus colegas "humanistas" si no me contasen sus profundos sentimientos caritativos. No me interesan los sentimientos y las ideas de los que condenan y cuelgan. No hay pre-texto.

EL "PATRIOTISMO" ES EL ÚLTIMO REFUGIO

El bello cuento de Melville no termina ahí. Falta el cuento acerca del cuento. Falta el relato oficial, la historia, la descripción objetiva de los sucesos en el informe público: Claggart descubrió la conspiración que encabezaba Billy Budd. Éste, al enterarse de que fue descubierto, tomó su decisión y Claggart "fue vengativamente herido en el corazón por el cuchillo de Budd".

En los relatos oficiales no hay accidentes. La razón prevalece. El orden exige racionalidad y lógica. Pero también está la venganza de Melville, quien al final del parte declara que Billy Budd entró al servicio de la armada del Rey "por sus sentimientos patrióticos. En este caso, como en tantos otros de estos tiempos, el carácter de este infortunado hombre refuta, si hiciera falta refutación, aquel estúpido dicho del difunto doctor Johnson, de que el patriotismo es el último refugio de un bribón".

Genial parrafada, para mi gusto personal. Evidentemente la estupidez no radica en el dicho del doctor Johnson. Estúpidos son los mitos del Hombre armados de incongruencias que deben confeccionar cuentos de justificación y racionalidad. Sospecho que no podré eliminar a los verdugos; pero el mito del Poder podría purificarse y eliminar de sí mismo el sub-mito de la dulzura y la belleza del alma.

El mito no necesita justificarse. No más. Es lo que decide ser, quiere lo que decide creer. No necesitamos sus pre-textos. Que no se mixturen los juegos. La existencia de patíbulos no contrae la inferencia de la existencia de la inocencia de los no-patibularios.

Claggart es tan mitómano como el capitán. Cada uno cree en lo que hace. El que se nos haya educado para mirar en el alma y escudriñar en las entrañas y juzgar luces y sombras de los mundos interiores es un juego, y como se liga con capellanes, patíbulos y órdenes, más vale desecharlo por peligroso.

No soy lo que soy

Otelo mató a Desdémona, no Yago. Otelo estaba enamorado de Desdémona. La encandiló, siendo él un negro moro y ella una dulce y tierna criatura veneciana, con sus historias y relatos de aventuras. Los cuentos suelen enamorar. El amor se viste de literatura y enciende fuegos inéditos. Así fue tambien como, en la obra de Dante, Paolo y Francesca cayeron en el amor prohibido leyendo amores ajenos.

Pero, volviendo a Otelo, está el amigo Yago. Él quiere, como Mefistófeles, probar que nadie es blanco sino por accidente, y que por accidente puede volverse negro, perverso, asesino. Sólo hay que destilar palabras —la realidad nuestra es de palabras— en el oído, y de ahí en el alma del moro, palabras que inciten a los celos, al resentimiento, y finalmente al odio contra la clara Desdémona.

De a poquito lo hace, con delicadeza, con arte. Y logra su objetivo, como lo logró Serpiente, con convincentes palabras, en el caso de la desnuda —espiritualmente hablando— Eva bíblica.

Yago se propone demostrar eso que dice de sí mismo: *I'm not what I am*. No soy ese que soy. Ése soy, pero podría ser otro. Soy una de tantas posibilidades accidentales del ser.

Y se lo aplica a Otelo. Otelo es bueno, porque no ha tenido la ocasión de ser malo. Yago se la hace correr por la sangre, para demostrar que el negro Otelo es tan negro por fuera como por dentro.

El hecho es que Desdémona fue muerta. Ahí está la fotografía en los diarios. Y en la tragedia de Shakespeare. Y en la ópera de Verdi.

¿Quiso Otelo matar a su amada? ¡Quién sabe!

La radiografía corresponde al consultorio médico, al confesor, al psicoanalista y la ética dice que es privada, por tanto indiscutible. Tal vez un complejo tempranero de un Edipo mal curado le facilitó el camino a Yago, y le abrió las manos a Otelo para asfixiar a su tierna esposa. Quizás esperaba Otelo a Yago. Él tuvo suerte. Otros no la tienen, y siguen esperando... ¿Qué sabemos?

MITOS, IMPRESCINDIBLES COMO EL AIRE PARA RESPIRAR

Palabras. Cuentos. Mitos. En esa perspectiva nos movemos, crecemos, somos. No podemos evitarlo. Cuando se dice "condición humana" a eso aludimos, al mundo de leyendas que habita en nuestras mentes, unas heredadas de otra gente, otras de propia factura personal.

Ahora me prendo a Edgar Morin, actual filósofo francés: "Entonces, el problema no consiste en vivir en una pura realidad liberada de mitos, pues entonces esta realidad se hundiría".

¿Qué es el Hombre? Los mitos que el hombre cuenta acerca del Hombre. Imposible prescindir de ellos. Serían reemplazados por otros. El animal vive, el hombre debe contar por qué y para qué vive. El mito es un cuento. Otros le dicen conciencia, cualidad superior y exclusiva de lo humano. Nosotros le decimos cuento, narración, pre-texto, pos-parto acerca de los accidentes que estamos estando.

"El problema consiste en reconocer y elucidar la realidad de lo imaginario y del mito, en vivir con una nueva generación de mitos, los mitos reconocidos como mitos", anota Morin.

Las reglas del juego. Las cartas sobre la mesa. Los mitos como mitos y los cuentos como cuentos y las fronteras entre unos y otros, los de arriba, los de abajo, los de la República, los del Partido, los de la familia, los de cada uno.

Los cuentos de Yago valen solamente para Otelo. Y los de Otelo "pos-Desdémona" solamente para Otelo.

¿La realidad de lo imaginario y del mito? No hay otra realidad. No hay otra realidad que nuestra realidad.

LA ILUSIÓN DE LA CAÍDA DE TODOS LOS MITOS

Fue el racionalismo, fue la modernidad los que decidieron corroer los mitos fundamentales del Hombre, comenzando por el mito de la Divinidad; inauguraron la nueva mitología, presidida por la diosa Razón y la trinidad de 1789: libertad, igualdad, fraternidad.

Lo moderno resultó ser quedarse con los Diez Mandamientos, el Sermón de la Montaña, viejas éticas y creencias arcaicas en Libertad, Fraternidad, Igualdad, y olvidar *la fuente de todos esos valores tan novedosos*: las religiones.

127

Hoy tenemos que dar un pasito más adelante en materia de evolución:

* Todos los mitos son mitos.
* Todos los todos son mitos.
* Todos los hombres son mitómanos.
* Todos los mitómanos luchan contra los otros mitos.

Demencia es creer que el otro es el loco y yo el cuerdo. Cordura, en instancias mitológicas, significa saber a ciencia cierta que toda ciencia, todo saber, toda certidumbre, es un cuento, y que hay estilos diversos de cuentos: el cuento científico, el cuento poético, el cuento religioso, el cuento patriota, el cuento clasista.

ELOGIO DE LA LOCURA

La novedad, si cabe hablar de novedad, consiste en re-conocer que la locura es privada y privativa del individuo o del consenso de ciertos individuos, y sólo a ellos les está autorizado y permitido disfrutar de ella.

La verdad no ha muerto. Únicamente ha desaparecido su fuerza imperativa, su garantía para emprender imperialismos.

Definitivamente está prohibido hacer feliz a nadie contra su voluntad. Si bien no podemos precisar cuándo elegimos y cuándo somos elegidos por circunstancias, ocasiones, organigramas, en cambio podemos percibir cuando manejamos mitos como espadas para evangelizar a "salvajes", "subdesarrollados", "pobres de espíritu".

Poseer el mito, como sostenía Edgar Morin, es dominar al mito, al modo estoico, sobreponerse a esa pasión de verdad y de felicidad y de humanismo que lanza a unos a dominar a otros para su propio bien. El mito altruista —que va unido al Dios-Amor— merece una buena *epojé* fenomenológica y práctica. Hurgad bien hondo y nunca dejaréis de hallar una pequeña inquisición o un leve campo de concentración detrás de los Absolutismos Amorosos.

128

Todos los mitos son altruistas cuando a toda costa se ponen en idealistas y combativos. Inclusive el Marqués de Sade —ese que descubrió que su mayor placer era el dolor ajeno (él lo descubrió y lo confesó, otros no lo confiesan)— puede justificar con plenitud académica el último bien de la víctima.

Regular al mito, aceptar la parcialidad de mi ideología y la eventual dosis de locura sádica de mi ideal-por-los-otros, es tarea ardua, y reclamaría que toda la educación se dedicara exclusivamente a ella.

¿QUÉ ESPERA DE TI LA SOCIEDAD?

El afán de la República —es decir de toda sociedad organizada— es mantener a los mitos vivos y energéticos. La República misma es mito de mitos. Un buen ciudadano cumple órdenes. Se le explica que la democracia le permite participar en el gobierno, y él cumple la orden de creer en lo que se le explica, y repite el mito con convicción y fervor de profeta en trance.

Cuando su interés no concuerda con el interés del Estado o del Gobierno, hará oír su discrepancia en las urnas, en los consejos vecinales, a través de sus representantes partidarios.

El ciudadano es el hombre feliz: no piensa. Piensa que piensa y repite fórmulas hechas. Los periódicos lo ayudan. Colabora la radio, la televisión. Y sobre todo le dicen que es LIBRE y él así lo siente, así lo vive, y en charla de café está dispuesto y disponible a incendiar universos si alguien llegara a hablarle mal de la libertad.

Si no fuéramos tan autistas, y no estuviéramos encerrados tan al vacío en nuestros mitos elementales, seríamos capaces de reconocer la gran ironía de la historia correspondiente a la oposición Oriente-Occidente, capitalismo-comunismo, libertad-cortina-de-hierro.

Mientras en Occidente los mitos sagrados de héroes y personalidades son prácticamente intocables, en la Unión Soviética cada tantos años los mitos se daban vuelta y los santos de ayer serían los traidores del año siguiente. En esos países (y en los nuestros también, ya que no sé si gritar viva Rosas o muera Rosas, para quedar bien con el mito regente) es la República misma la que se encarga paradójicamente de mantener la in-estabilidad de los valores patrios y la total profanación, de tiempo en tiempo, de templos y altares.

LA VERDAD DE LA LIBERTAD

¿Dónde está la libertad? ¿En qué consiste? ¿En decir que *todos* pueden trabajar, optar, estudiar, luchar por la vida y en que *sólo algunos* puedan efectivamente trabajar, optar, estudiar, luchar por la vida?

En cambio esos mismos *todos*, sin excepción alguna, pueden pensar y expresarse libremente y no serán encarcelados, dice la fórmula occidental y democrática. La otra no tolera disensos del mundo interior versus el mundo burocrático, que rige los destinos de la revolución; tampoco tolera, al parecer, que haya amplias masas totalmente excluidas de los beneficios de la alimentación, la medicina, la educación y un poco de circo.

Claro que sigue funcionando la imbecilidad optimista para defender el sistema y le dirán que usted, mejor dicho yo, soy un nihilista, y que hoy sembramos el mañana, y que estamos mucho mejor que en la Cabaña del Tío Tom, y que no hay que ser derrotista... A esos argumentos no respondo sino apoyándome en Popper: miseria del historicismo. El historicismo, que tanto sabe del camino de la historia, ignora la miseria actual. Esa ignorancia es imperdonable. Como es imperdonable que todo mal actual en la Argentina remonte a oradores al pasado y a la época del sangriento Proceso, para demostrarnos que ahora estamos francamente en un paraíso.

Algunos son libres. Los demás no lo son, por más rotas cadenas que canten. Están encadenados, no pueden elegir, están condenados. La verdad, nada más que la verdad.

130

DE MITOS TAMBIÉN SE VIVE

Volvemos a Melville. El mito de la inocencia de Billy Budd es tan mito como el correspondiente a la perversión de Claggart. El capitán Ahab, de Moby Dick, es tan satánico como la ballena-del-mal que pretende erradicar del mundo.

Pero Ahab sabe que lucha personalmente. Es su mal esa ballena blanca. Sólo a él corresponde. A nadie más. Su juego con su mito no admite la participación de nadie. Podrán ayudarlo física, instrumentalmente; pero nunca en alma, espíritu, idea, sentimiento, vivencia. Su guerra es privada, como la borrachera privada de Noé. La privacidad es la santidad del hombre. Ahí fulgura el mito y puede arribar a cimas de arrobamiento inauditas en lo religioso, en lo utópico, en lo erótico. En la película *Nueve semanas y media* un hombre juega con una mujer a la sensualidad irritada, creativa, sadomasoquista, y son muy felices, hasta que no lo son, o al menos ella deja de serlo, y decide que no juega más. No juega más, y cada uno se retira de la escena haciendo mutis por distintos costados hacia nuevos accidentes o escenarios.

La indignación de Billy Budd es mito, es reflejo condicionado; no es inocencia, es cassete de cultura que fluye en la sangre como la sangre misma. Todas son perversiones, y el que todas no lo sean está fijado por ordenanzas municipales o códigos de vencedores o poderosos o elitistas.

EL PODER QUE NIEGA, EL PODER QUE AUTORIZA

La disciplina es la sociedad, y ella prohíbe porque ella es la que permite y autoriza. Para eso está el poder. Bien lo expresó Michel Foucault en *Vigilar y Castigar:*

"Y si desde el fondo de la edad media hasta hoy la 'aventura' es realmente el relato de la individualidad, el paso de lo épico a lo novelesco, del hecho hazañoso a la secreta singularidad, de los largos exilios a la búsqueda interior de la infancia, de los torneos a los fantasmas, se inscribe también en la formación de una sociedad disciplinaria..."

Nada es, para uno u otro lado, en convergencia o en transgresión, a menos que la disciplina social así lo disponga y le dé lugar. Es un dispositivo —enseña Foucault— que por una parte coarta, y por otra parte produce vida y creatividad, abriendo el espacio libre del ejercicio humano. Por eso comenta ese autor:

"Hay que cesar de describir siempre los efectos de Poder en términos negativos 'excluye', 'reprime', 'rechaza', 'censura'... De hecho el poder produce: produce realidad, produce ámbitos de objetos y rituales de verdad. El individuo y el conocimiento que de él se puede obtener corresponden a esta producción."

ORIGEN DE LAS PASIONES

La verdad es poder. El poder determina qué es la verdad. En materia humana, esa verdad emanada del poder debe ser debilitada por la educación detectora de mitos.

La verdad, sin lugar a dudas, es objetiva. Pero su uso es subjetivo. Mitológico. Sólo la pasión, fundamentada en un mito, es decir en un cuento que se torna credo inexorable, conduce a la acción. Su uso es mito, cuento, y ha de quedar reservado para la intimidad de alma y las profundidades del ser.

Allí está el capitán Ahab —el héroe de *Moby Dick*, la ballena blanca—, también creatura literaria de Melville, luchando pasionalmente por su verdad. Solamente la suya. Y con plena conciencia de que su locura personal, eso que se llama verdad, pasión, ideal, está engarzada dentro de un orden socio-cultural de verdades más o menos comunes a todos y que deben ser respetados como cordura humana. Ahab es sumamente lúcido y sabe deslindar entre lo que es del César, y lo que pertenece a sus daimones más íntimos. Por eso nadie debe ser arrastrado por el fuero de su mito íntimo. Ahab es respetuoso.

TODOS QUIEREN

Ahab quiere a la ballena blanca. Los otros, ¿qué quieren? Dinero, cosas, dinero, posesiones, dinero, prestigio. Así reflexiona:

"La condición constitucional y permanente del hombre, tal como está fabricado es la sordidez."

El mito de la maravillosa condición y dignidad humanas es contrarrestado por los hechos de la historia. Ahab no cuenta con los demás a) porque nadie debe compartir su mito íntimo; b) porque el provecho —y de ahí la sordidez— material es lo que mayormente anhelan los hombres, y con la ballena blanca ese negocio se torna quijotesco, cosa de caballeros andantes. Y los caballeros cruzados de tiempos antiguos tampoco eran tan impolutos, y gustaron siempre de conjugar altos ideales con pingües ganancias y no se contentaban con atravesar dos mil millas de tierra para luchar por su Santo Sepulcro sin cometer robos o hurtar bolsas.

De modo que Ahab conducirá su nave con sus balleneros para atrapar cetáceos y ganar dinero y de paso también para lograr su propio e incomparable objetivo: la ballena blanca. Lo público dentro de lo privado, y viceversa. Eso es realismo y eso es amor al prójimo, y amor a sí mismo, a la ilusión del uno mismo, esa partícula de libertad conmoviéndose dentro de un gran barco dentro de un gran océano.

Ahab es un mitómano y un metafísico. Sabe que la ballena blanca no es la ballena blanca. Sabe que solamente luchando por algo contra algo se es alguien. Sabe que eso es irracional, pero por eso mismo —lo sabe— puede llegar a ser pasional. Lo racional es frío, calmo, spinozianamente comprensivo.

EN EL PRINCIPIO FUE EL CAOS, Y AÚN ES

Es la ballena primitiva, la del caos. Es la que engulló a Jonás. Pero además es blanca y esa blancura tan absoluta es imperdonable, como la inocencia de Billy Budd. Es una careta. "Para mí la ballena blanca es esa pared que se me ha puesto delante. A veces pienso que no hay nada detrás. Pero basta." No es necesario justificar. Ahab sabe que los pretextos son mentirosos, que las radiografías del alma aparecen a posteriori, después de la fotografía, cuando el hecho *consumatum est*, cuando ya está en el ojo de la tormenta sin razón de pensar pero con toda razón de estar, que con el tiempo habrá de formar parte de la razón de ser.

Un día estuvo Ahab cazando ballenas y topóse con su figura tan amada, tan enemiga. Ocurrió el accidente. La pierna segada por la ballena. Era parte del juego. Ahab decidió entonces que ese estar debía transformarse en ser, y ese accidente en esencia. Lo volvió símbolo. Lejos de diluir el mito y el credo, los acentuó, los inflamó de religión. Asumió su responsabilidad y entendió que tenía la gran ocasión de ser alguien si perseguía a alguien-que-lo-perseguía.

Un cuento, todo un cuento, pero a él lo fascinó y resolvió vivir exclusivamente para ese cuento. Matar o ser muerto sería un accidente del mismo final. Pero moriría siendo Ahab-caballero-andante-sin provecho-que-luchó-contra-la-maligna-ballena-blanca. Así da gusto vivir.

LA BLANCURA DE UN MUNDO INCOLORO

El blanco es el sin-color, la ausencia de colores. "Por esa razón es por lo que hay semejante vacío mudo, lleno de significado, en un ancho paisaje de nieve; un incoloro ateísmo de todos los colores."

Ateísmo. Ausencia de colores. Blancura de culpa, no de virginidad ni de santidad. Blancura de vacío. Incoloro ateísmo de todos los colores. Es el caos. El fin de la decadencia, el fin de todos los fines. Si Dios no existe, todo es blanco por igual, es decir nada. Pero Dios existe porque existe la ballena blanca que es el Caos enemigo de Dios, bandera del ante-teísmo, preludio del ateísmo.

Dios es el sentido de la existencia. La lucha contra el

sin-sentido que emprende Ahab es la que da sentido a su existencia.

Sólo a la suya. A Starbuck, su más cercano amigo del barco, le pide que no lo siga, que se quede: "Ese peligro no ha de ser para ti. No, no con el remoto hogar que veo en estos ojos".

Starbuck tiene a su dios en su hogar. Ahab también lo tiene pero no es de él, no es suficiente para dotar de sentido al absurdo de su existencia.

No basta con amar. Solamente odiar otorga santidad en este contexto. Los mitos, los grandes mitos, son los que producen inconmensurables amores al odio eterno. *La lucha contra*. Son los únicos mitos que funcionan como verdad. El amor, así visto, es el anti-mito, el mentiroso, el paréntesis entre mitos, el rellano en la escalera, es lo que le sucede a Romeo cuando encuentra a Julieta y cuando estalla el gran odio entre los-de-Romeo y los-de-Julieta.

UN PUNTO DE APOYO

El de Ahab es un odio puro, limpio, lleno de soledad metafísica y de amor al prójimo, a Starbuck y a todos los humanos; está con todos ellos, pero para no caer en odio a ellos, les reserva el más puro amor mientras guarda toda la capacidad de odio para el animal enemigo y blanco.

El mito de *ser* uno mismo. Idéntico a sí. En un solo horizonte, hacia el objetivo exclusivo. Para cumplir con el principio de "dadme un punto de apoyo y levantaré el mundo". Un único punto, pero de firme apoyo. Ahab, en el odio al odio, lo logró.

El mito de la guerra propia y personal. Sin otros. La ética del mito que no salpica a nadie con la sangre del sacrificio ni espera salvar a nadie, salvo al desolado sí-mismo. La mitología del mundo interior, los fantasmas que uno se inventa para ser mientras se está.

"¡Ah, qué inmateriales son todos los materiales! ¿Qué cosas reales hay, sino los pensamientos imponderables?" Solamente la abstracción es real. Lo in-material. El sueño, el pensamiento, la fantasía.

Tenía razón Descartes: *Cogito, ergo sum.* El mito interior justifica a la presencia exterior.

El final es conocido. El final de todo fin. El significado concluye cuando el significante desaparece. Ahab se hundió con su barco "y el gran sudario del mar siguió meciéndose como se mecía hace cinco mil años". Así concluye la enorme metáfora de Melville.

¿QUIÉN ES EL QUE LEVANTA ESTE BRAZO MÍO?

La ballena blanca y Dulcinea son las supremas realidades que nos dominan y que deberíamos dominar. Como el protagonista nos seguimos preguntando:

"¿Es Ahab Ahab?"

¿Quién elige?

"¿Soy Yo, Dios, o quién es el que levanta este brazo?"

¿Quién es qué?

En el capítulo XXXII confiesa Melville su propia perplejidad a través de su narrador: somos historias inconclusas, porque somos im-perfectos, porque nadie puede narrarse su ser hilvanando estares sino parcialmente, hasta el final, pero el final sólo está reservado a lo que tiene comienzo, a otro narrador, y así infinitamente hasta nunca.

Así plagiaba Melville a Jorge Luis Borges en el capítulo XXXII de *Moby Dick*:

"Pues las pequeñas construcciones pueden terminarlas sus propios arquitectos; las grandes y auténticas dejan siempre la piedra de clave a la posteridad.

Dios me libre de completar nada. Este libro entero no es más que un borrador, mejor dicho, el borrador de un borrador."

Y Ahab. Y este hombre. Un borrador. Un texto. Pero absoluto. Absolutamente solo. Trenzado con otros borradores, cada uno encapsulado en su absolutismo soledoso. Mónadas y sus respectivos mitos.

Decía Leibniz (en su *Teodicea*, término que significa "justificación de la bondad divina"): "Dios da la razón al género humano y de eso resultan desgracias por concomitancia".

La desgracia se desata cuando la razón progresa y cuestiona a la razón, cuando en lugar de mirar hacia afuera, donde están los objetos, y para lo cual fue dada y de esta manera produciría verdades-objetivas, pega un giro traidor y se contempla a sí misma, es decir al sujeto de la razón, y ahí se distorsiona y comienza el mal de la razón, el significado del significado que puede conducir a la propia muerte del ser cuando no se pregunta:

"¿Es Ahab Ahab?"

La pregunta se da cuando el valeroso capitán busca su propia muerte en brazos de Moby Dick, su amor imposible. La pregunta es ya su nihilización. La razón que interroga a la razón produce la *vanitas vanitatis*, el vacío de vacíos.

TODOS MIS PADRES TODOS

A mí me engendraron mis padres y la propaganda. Mis padres y la radio. Mi padre y la televisión y los altoparlantes. Ni *kalos* ni *agathos*, sino exitoso ha de ser el hombre que quiera ser todo un hombre. El éxito es la otredad, el aplauso o el silbido, que es de otros. Pienso autonomía pero practico dependencia. Digo valores pero ansío ranking. El puesto en el cosmos se trueca por el puesto en la escala de los puestos y la distancia que lo separa a uno del que está más arriba en materia de puesto.

El término "puesto" habla sólo de sí mismo. Ser puesto. Otro me pone y yo soy puesto. Para ocupar un puesto en el cosmos tuvo que haberme puesto Dios o algún ente que lo reemplaza bajo nombre científico como la Evolución o La Naturaleza.

Pero yo soy de mi sociedad, de mi ciudad, de mi empresa. No tengo empresa: la empresa me tiene a mí y espera de mí mucho, como dice el Jefe y el Jefe de Jefes, que es el Presidente de la Nación. Yo puedo llegar. Yo estoy en camino hacia la cumbre que me espera a mí, solamente a mí, según me dicen los que manejan la Cabina de Medición del Éxito.

He de pasar de un puesto a otro puesto, del más alejado al

más cercano, siempre en relación con el Arriba. Bartleby se rebeló contra el éxito, se salió de la fila, se puso a un costado y al ponerse fue puesto por sí mismo en un inédito puesto: el del que no juega más. Ahab eligió un puesto propio: se zafó del puesto de ballenero para cualquier ballena y se inventó el de ballenero para una sola ballena, sin otro rédito que la lucha en sí, el amor a la lucha, el amor al amor, la repulsa del odio.

Yo estoy a fines de mil novecientos ochenta y tantos. No existe el concepto bueno. Sólo hay el mejor. El que supera al otro. El super-ior. El éxito tiene exclusivamente fórmulas comparativas. Es el deporte de la ciudad: superar marcas.

Es obvio que el juego del éxito reclama el respeto por las normas vigentes, por el juego en sí, y su santidad esencial. Por eso cuando se enfrentan dos grandes boxeadores de países diferentes, o dos equipos de fútbol, o dos tenistas, el mundo entero se levanta, se pone de pie, y se cantan los respectivos himnos nacionales a través de los cuales se proclama que participamos todos de una misma fe, en el mismo juego que es nuestra fiesta más querida: la competencia. Esos himnos nacionales se entonan con solemnidad eclesiástica. Los estadios toman atmósfera de Templo y nos impregna la divinidad de la situación.

TIEMPOS DE IDOLATRÍA

Éstos son tiempos de idolatría. Ídolos nos manipulan. Sin Dios, pero con mandatos; sin exigencias ni mandamientos, pero con reuniones litúrgicas de masas cantando al unísono el gran corazón que tenemos, cómo amamos a los niños, la ecología y sobre todo nos especializamos en el amor a los discapacitados.

Éstos son tiempos de tanto amor declarado, que hace sospechar un enorme vacío de amor, de horizonte, de sentido. Cuanto menos se siente tanto más se grita y declama, declara el sentimiento.

No hay que hablar *de* Dios, decía Buber. Hay que hablar *con* Dios.

138

CAPÍTULO VII

A LOS PIES DE LA TORRE DE BABEL

En busca de la vida inmortal

En un rincón de la tierra vivía un anciano muy anciano, Utnapishtim, que parecía no morirse nunca. Gilgamesh decidió buscarlo para que le enseñara el secreto de la vida eterna.

Largos días y largas noches le tomó ese trayecto hasta los confines de la tierra. Llegó a una montaña que llegaba al cielo, y cuyas raíces se hincaban en el infierno, donde habitaba el viejo. Delante había un portón enorme, guardado por espantosas criaturas, mitad hombre, mitad escorpión. Pero no les temió, y ellos lo respetaron.

—¿Qué buscas? —fue la pregunta.

—Busco a Utnapishtim —fue la respuesta.

—Eso nadie puede saberlo —respondió el capitán de los monstruos. El camino que lleva a él, ningún humano podría recorrerlo. Pero Gilgamesh se obstinó, y estaba dispuesto a pasar por los peores fríos y los más tórridos calores.

Entonces le concedieron el deseo y le abrieron el portón. Transcurrió el héroe por un interminable túnel. Finalmente avistó la luz del sol. Vio una especie de paraíso, piedras preciosos, ríos, flores, árboles, frutas. El dios Sol apareció y le dijo:

—Gilgamesh, permanece aquí, no quieras ir más lejos. Éste es el jardín de las delicias. Ningún mortal antes que tú llegó tan lejos. —Pero el héroe no estaba dispuesto a dejarse convencer por cómodos placeres. Siguió caminando.

Llegó a una casa donde la dueña le hizo saber que era imposible llegar hasta el deseado Utnapishtim, y le aconsejó disfrutar de la vida, tal cual la encontraba a su paso, y no aspirar a lo imposible.

—El viejo vive en una isla lejana, y para llegar deberías

cruzar un océano, y éste se comunica con otro océano que es el de la muerte. De todos modos, si te obstinas, aquí vive un botero que tal vez acceda a llevarte. Él conoce esa ruta de fuego.

Urgentemente fue y habló con el botero, insistió, le prometió pagas y regalos. El botero accedió pero con una condición:

—No debes tocar esa agua, que es de la muerte.

Llegaron a la isla. Ahí estaba Utnapishtim, asombrado por esa presencia inesperada, más bien imposible. El huésped le preguntó qué buscaba. El otro le contestó: la inmortalidad.

—Nunca encontrarás lo que buscas. Nada hay eterno en la tierra. Cuando la mariposa sale de su capullo no vive sino un día. Todo tiene su tiempo y su límite.

—Cierto, pero aquí te tienes a ti mismo, mortal como yo, y sin embargo no mueres. ¿Cuál es el secreto?

—Te diré el secreto —anunció el viejo.

Y le relató la historia del gran diluvio que los dioses habían enviado sobre la tierra en lejanos tiempos, y cómo Ea, dios de la sabiduría, le había advertido a través del silbido del viento de lo que vendría.

Construyó el arca, con alquitrán y asfalto, maderas y ramas, y allí se refugiaron durante el diluvio. Al séptimo día encallaron en una montaña. Entonces dejó salir la paloma para ver si ya había lugares secos; allí el ave posaría su cuerpo, y tal vez no regresara. Pero la paloma regresó, por falta de lugar donde posarse, puesto que las aguas lo cubrían todo.

Luego envió una golondrina, con el mismo propósito, pero la golondrina volvió. Después un cuervo, y éste no volvió.

Entonces bajaron todos. Pero Ea lo condujo a él nuevamente al arca, para depositarlo en esta isla, la de la inmortalidad.

GILGAMESH DESCUBRE LO QUE NO BUSCABA

Durmió Gilgamesh siete días y siete noches. Al despertar insistió en conocer el secreto de la inmortalidad. El anciano le reveló:

—En las profundidades del mar hay una planta que parece una estrella de mar y tiene espinas como una rosa. El que se apodere de ella y la saboree gozará del retorno de su juventud.

Gilgamesh se fue al océano. Ató pesadas piedras a sus pies, y se hundió en las aguas. Y alcanzó la planta. La llevó consigo y subió al bote. A la noche hallaron un arroyuelo en el camino, y ahí descansaron.

—Quiero bañarme —dijo Gilgamesh al botero.

Se desvistió y se refrescó en esas aguas. Cuando se distrajo apareció una serpiente del agua, que al olfatear la fragancia de la planta recogida por Gilgamesh, la arrancó y luego se la comió. Después, a consecuencia de la planta ingerida, se desprendió de su vieja piel y obtuvo una nueva piel, es decir la juventud.

Gilgamesh enteróse luego de su pérdida, la planta de la inmortalidad. ¿Y por qué la había perdido? Por un rato de placer y descuido.

Así son los humanos y éste es su destino. Gilgamesh se sentó en una roca y lloró largamente, y finalmente se resignó a ser lo que era, humano y mortal, pasajero de la existencia.

Gilgamesh quería ser inmortal. En su aventura en pos de aquel preciado tesoro, la juventud eterna, la vida inacabable, descubrió que la inmortalidad consiste en aprender de la serpiente que cambia de piel de tiempo en tiempo. También aprendió que la inmortalidad dura lo que dura la presencia de la flor maravillosa y tu capacidad de cuidarla, vivirla.

LA POSIBLE INMORTALIDAD

Que nada se te adhiera, que no te hagan callos las cosas, decía León Felipe. No pretendas ser siempre. Pretende siempre dejar de ser y empezar a ser.

La inmortalidad es posible, aquí, en la tierra, en esta vida que está delimitada por un comienzo y por un fin. Pero eres tú el que le da vida a la vida, impidiendo que la piel, las ideas, las conquistas, el currículum, la profesión, la carrera, lo ganado, se te haga callo, carne, sangre.

En el ser está el no ser. En el no ser está el ser.

El ser en cuanto permanencia es sueño, delirio, porque nada permanece, salvo el murmullo del agua que fluye, fugitiva.

UN CUENTO CONTADO POR UN IDIOTA

Viene al caso esta página que Shakespeare le dedica a Macbeth. El Rey se entera de que la Reina, esa mujer poseída por la pasión de matar para alcanzar su meta, el poder eterno, esa esposa que lo condujo al crimen y a la atrocidad, había muerto.

Ante tamaña noticia, Macbeth reflexiona y dice:

"Hubiera debido morir más tarde, no es ahora momento para tales noticias. Mañana, mañana, mañana, palabra falaz que nos va llevando poco a poco al final de nuestros días, mientras el ayer ilumina al necio el camino hacia la muerte sombría. ¡Apágate, apágate, cabo de vela! La vida no es más que una sombra errante; un pobre comediante que pasa pomposamente por el escenario y de quien no se oye hablar más; es un cuento contado por un idiota, lleno de ruidos y furia que nada significan."

Todo lo hace Macbeth en profundidad: así mata, así piensa. También él sostiene que la vida es sueño, como Calderón de la Barca, pero lejos de que la idea lo conduzca a Dios, como en el caso de Calderón, lo conduce a la nada, al maquiavelismo de que, si vamos a morir, ¿qué importa matar más o menos?

He aquí cómo desde un mismo punto de partida pueden sacarse conclusiones totalmente opuestas. Dice el folclore de los pueblos que cada uno habla de la vida según cómo le haya ido en la feria...

Macbeth se vuelve metafísico cuando siente que su propia inmortalidad se desmenuza como terrón seco de tierra, de nada. Antes representaba al Dueño del Mundo. Ahora representa al "polvo eres y al polvo volverás"; haberse creído el Dueño del Mundo, fue un cuento contado por un idiota, lleno de ruidos y furia.

144

REPRESENTAMOS

Esta idea, la de la pasajeridad humana, sirve como todas las ideas para causas diferentes e incluso opuestas.

La vida es sueño, la vida es teatro. Es cierto. Efímeros son los papeles que encarnamos en la escena. Eso mismo obligaría a pensar en qué otros papeles nos quedan. La escena es para mostrarnos, para que nos vean, para que nos aplaudan, para los demás.

Uno mismo es el ser en la plenitud de sus cambios de piel en contacto con el otro, con el mundo, con toda la pasajeridad que, lejos de volverse tétrica, invita a *dejar de representar*, por un rato, por un intervalo.

El mismo Shakespeare, en *La Tempestad*, reflexiona acerca de esta realidad que el tiempo diluye en la nada:

"Estos actores eran todos espíritus, y se han desvanecido en el aire, en el aire sutil; y como el edificio sin base de esta visión, las torres coronadas de nubes, los suntuosos palacios, los templos solemnes, hasta el inmenso globo y cuanto en él está, se disiparán lo mismo que esta diversión insustancial, que desaparece sin dejar rastro. Estamos hechos de la misma estofa que nuestros sueños, y nuestra vida breve acaba en un dormir."

LA VIDA ES SUEÑO

La vida es sueño. Realidad pasajera. Compongamos la melodía pasajera, sugirió Rilke. Será, tal vez, hermosa. Pero no dejará de ser pasajera.

El ser se diluye —el ser es tiempo, sin la conjunción "y"— en no ser. "¿Dó fue?" clama Manrique. Se le anticipó Filón de Alejandría, en el siglo I, en su comentario sobre el poder y la pasajeridad que lo diluye: "¿Dó fue todo? ¿No desapareció el infante en el niño, el niño en el joven, el joven en el varón, el varón en el hombre de edad madura, éste en el anciano, y al anciano no lo acecha acaso la muerte? Cada una de las edades es una muerte... Así todo lo material es sueño, la belleza, la salud, la fuerza... No hay certidumbre en las propiedades exteriores, todo se pierde... Otrora Egipto fue señora de muchos pueblos; hoy es sierva..."

Muy poca gente se atreve a soñar sus propios sueños. Hasta en ese recóndito hueco de la existencia, lo más privado del ser humano, ingresan los paradigmas establecidos por la sociedad y la cultura, y soñamos lo que nos hacen soñar, lo que nos indican soñar, lo que nos sugieren soñar.

Filosofía de Caín

Caín se llevaba muy mal con su hermano Abel, el menor. Y eso porque Abel era feliz con sus rebaños, sus ovejas, sus pastos, sus cielos, su música interior, su familia. Caín no tolera que otro sea feliz. Su propia felicidad consiste simplemente en el dolor ajeno. Hay gente que es así, hay que reconocerlo.

Sangrante de envidia, Caín prefirió que su hermano estuviera muerto. A tal efecto lo convocó, lo provocó, armó una rencilla con cualquier pretexto, y finalmente lo golpeó con una piedra y lo mató. Ahora, sin nadie feliz a su lado, Caín podía descansar.

También Caín tenía su familia, mujer, hijos, como corresponde. Pero le costaba la relación humana. Dedicóse por tanto a la relación con cosas, objetos, instrumentos. Ahí le iba muy bien, y no competía con nadie.

Las cosas son buenas, si me responden. Donde uno las deja, ahí las encuentra. Vuelcas un vaso de agua, y el vaso cumple rigurosamente tu voluntad, y el agua también. Las cosas nunca fallan, porque son predecibles. Los humanos fallan, porque son impredecibles, y provocan angustias, envidias. Sobre todo eso, envidias.

Caín quería vivir tranquilo, seguro, sin pasiones tormentosas. Muerto su hermano se dedicó a fabricar cosas, a construir. Con las cosas no hay problemas, como con los hombres.

HISTORIA DE LA FAMOSA TORRE

Los hijos de Caín y sucesores posteriores mantuvieron esa tradición de cultura del malestar y se dedicaron ardorosamente a la tecnología, para suplir con cosas y herramientas el espacio vacío que el estar en el mundo sin saber para qué se está —y sobre todo sin saber para que están los demás— les generaba. De ahí la famosa Torre de Babel.

¿Por qué fueron castigados? ¿Qué de malo hicieron? ¿No es buena una torre? ¿No es bueno el progreso, las edificaciones hacia lo alto, la cibernética y las antenas parabólicas? ¿Qué hay de dañino en la tecnología que pareciera ser la culpable absoluta de todos nuestros males?

El tema de la Torre de Babel merece ser replanteado a la luz de la malicia del hombre que adora la máquina y luego la responsabiliza de todas sus neurosis.

El hombre no tiene otro amigo ni otro enemigo que el hombre. Ni acariciar perros hace al hombre más humano, ni el desechar máquinas e irse a vivir a una selva primitiva lo redimirá de su exilio interior.

El tema es el exilio. El estar afuera. Fuera del otro, fuera del sentido, fuera de la brújula de la existencia, fuera del paraíso, fuera del amor, fuera del sosiego. Este hombre en raptos de misticismo suele huir de su civilización sofisticada a playas alejadas, a bosques de poesía y parajes de gloriosa revelación teológica. Pero es el mismo hombre, que transporta en jet o en automóvil la misma angustia y el idéntico vacío, que practica perpetuamente la misma fuga.

Fuga hacia el ruido, hacia el silencio, hacia la droga, hacia la meditación trascendental, hacia el ecologismo, hacia el terrorismo. Exilio de la fuga que da lugar a la fuga —siempre fracasada e impotente— del exilio.

Uno puede di-vertirse, que es verterse hacia di-versas salidas contingentes. El problema es cómo re-vertirse.

Para el *ex* del exilio sólo puede caber el *re* del remedio: la *re*-flexión, el *re*-torno.

El peligro de una sola lengua

La Torre de Babel es torre del progreso. El exiliado huye y sólo sabe que tiene que ir hacia adelante: pro-greso. *Pro*, adelante. Sin parar jamás. Sin detenerse. Pensar, sí, pero el futuro. Es la única droga que mantiene viviente al exiliado, al fuera de sí.

El pecado no fue la torre ni fue Babel. El pecado fue el de una sola lengua: "Y toda la tierra era una sola lengua." (*Génesis* XI, 1.)

Era el fascismo, único, unívoco. Una sola lengua. Todos diciendo lo mismo, pensando lo mismo. *1984, A brave new world* y demás utopías del hombre aplanado ya fueron prefiguradas en ese breve y escueto relato del *Génesis* relativo a la Torre de Babel.

Una sola lengua es peligrosa. Hoy hace una torre. Mañana construye un museo. Pasado mañana un crematorio. Ellos querían una sola lengua. Ellos, es decir, los jefes, la clase superior, la elite, los del poder. Y una sola torre, por supuesto.

Claramente expresaron su ideología: "Hagamos una torre y que su cabeza llegue al cielo".

No era exclusiva manía constructivista ni la pasión por la ingeniería y sus avances de vanguardia. Querían tocar el cielo con las manos. Apoderarse del cielo.

Una sola lengua no tolera otra lengua. Cielo y tierra, infiernos y paraísos, todos deben estar bajo su dominio.

Hoy se habla de la conquista del espacio. Pero los que inventaron el progreso establecieron la meta final: la conquista del cielo. Que no haya otro dios fuera del progreso mismo. Aquellos reinos de la tecnología ideológica predicaban el humanismo de la unión, todos para uno, todos juntos, siempre todos, todos con todos, una sola masa que fuera como un solo hombre, y por eso, bien lo dijeron, construyeron la torre: "Por si nos dispersamos por la tierra".

Siempre volverían a la Torre y en torno a ella congregarían su existencia. El gregarismo es la filosofía adjunta de la tecnología ideológica y babélica. La dispersión sería di-versidad.

Era un plan perfecto, absoluto, tan absoluto como el abs[o]lutismo de una sola lengua, una sola torre, un solo eje existencial, una sola gregarización. La sociedad de masas.

CIEGOS Y CONTRA LA LIBERTAD

Aquí sale a mi encuentro *Ensayo sobre la ceguera*, de José Saramago.

Estalla el incendio. Es tiempo de fuga. Los locos huyen del encierro. Los ciegos permanecen. Los locos son los extravagantes, y no le tienen miedo a la libertad. Quizá estén en libertad perpetua, porque siempre están fuera de la norma, del sistema. Los ciegos de Saramago son como los individuos en la caverna imaginada por Platón. Quieren la comodidad, nada más. La seguridad es comodidad, y viceversa. Mentalmente ciegos, no quieren ver nada más que la rutina ciega. Aunque, como esos videntes habitantes de Platón, ven sombras nada más pero se convencen de que ésa es la realidad, y no otra. Cuando alguien quiere liberarse se niegan a renegar de las sombras, a trocarlas por otra realidad, que es la que está proyectando esas sombras. Prefieren la caverna.

Eso pasa en el relato-ensayo-reflexión de Saramago. El portón está abierto de par en par. "Le dices a un ciego Estás libre, le abres la puerta que lo separaba del mundo, Vete, estás libre, volvemos a decirle, y no se va, se queda allí parado en medio de la calle, él y los otros, están asustados, no saben adónde ir, y es que no hay comparación entre vivir en un laberinto racional, como es, por definición, un manicomio, y aventurarse, sin mano de guía ni correa de perro, en el laberinto enloquecido de la ciudad, donde de nada va a servir la memoria, pues sólo será capaz de mostrar la imagen de los lugares y no los caminos para llegar. Apostados ante el edificio, que arde de un extremo al otro, los ciegos sienten en la cara las olas vivas del calor del incendio, las reciben como algo que en cierto modo los resguarda, como antes habían sido las paredes, prisión y seguridad al mismo tiempo. Se mantienen juntos, apretados, como un rebaño, ninguno quiere ser la oveja perdida, porque de antemano saben que no habrá pastor para buscarlos. El fuego va decreciendo lentamente, la luna ilumina otra vez, los ciegos comienzan a inquietarse, no pueden continuar allí, eternamente, dijo uno. Alguien preguntó si era de día o de noche, la razón de aquella incongruente curiosidad se supo enseguida. Quién sabe si nos traerán comida, puede que hubiera una confusión, un retraso, otras veces pasó."

Terrible preocupación: la comida. A su debido horario. Es lo que quiere la masa. Seguridad, comida, horario. Nada que produzca incertidumbre, es decir duda, es decir pensamiento.

LO ATRACTIVO DE SER HOMBRE-MASA

Me recuerda a Moisés cuando liberó a los hebreos de la esclavitud egipcia. Días después, ya en plena libertad, la masa reaccionó:

—¡Danos carne! ¡Queremos comer como lo hacíamos en Egipto!

Y se ponen, de repente, a idealizar lo bien que lo pasaban en ese país. Olvidan los látigos, olvidan las pirámides construidas con sangre de hermanos e hijos. La comida, sólo eso recuerdan. Porque esa ración de comida, la de los esclavos, en efecto siempre era servida a horario, con regularidad impasible.

La libertad es un peso. La masa, el ser entre todos, como todos, es una liberación de la libertad, del pensamiento y de tomar decisiones por cuenta propia. Por eso la masificación disfruta de tanto éxito en todos los tiempos, y particularmente en los actuales, tan brillantes hacia afuera, tan pobres hacia adentro. Los medios masivos de comunicación te dicen qué comer, dónde bailar, qué hacer para ser feliz, cómo dar educación sexual a los hijos, y cómo y dónde acariciar a la mujer para alcanzar cúspides de placer.

¡Así da gusto! ¡Bailar al son del mundo entero, ésa es la conciencia planetaria!

Nosotros, la multitud en la ciudad

En *Situación de las clases trabajadoras en Inglaterra*, escribía Federico Engels hace ciento cincuenta años:

"Una ciudad como Londres, donde se puede caminar horas enteras sin llegar siquiera al comienzo de un fin, tiene algo de desconcertante. Esta concentración colosal, esta acumulación de dos millones y medio de hombres en un solo punto, ha centuplicado la fuerza de estos dos millones y medio de hombres... Pero todo lo que esto ha costado es algo que se descubre sólo a continuación."

La ciudad moderna es concentración de gente, acumulación de personas en la que nadie es nadie, todos están juntos, pero cada uno enfrascado en su propio camino, como si él condensara en sí a todo el universo.

"Después de haber vagabundeado varios días por las calles principales se empieza a ver que estos londinenses han debido sacrificar la mejor parte de su humanidad para realizar los milagros de civilización de los cuales está llena su ciudad, que cien fuerzas latentes en ellos han permanecido inactivas y han sido sofocadas... Ya el hervidero de las calles tiene algo de desagradable, algo contra lo cual la naturaleza humana se rebela. Estos centenares de millares de personas, de todas clases y de todos los tipos que se entrecruzan ¿no son acaso todos hombres con las mismas cualidades y capacidades y con el mismo interés de ser felices?..."

Aparentemente sí. Quieren lo mismo. Deberían ligarse, unirse. Deberían aunar fuerzas para lograr el ansiado objetivo. Y sin embargo ocurre lo contrario. Juntos pero abismalmente separados caminan en ese hormiguero hirviente.

"Y sin embargo, se adelantan unos a otros apuradamente, como si no tuvieran nada en común, nada que hacer entre ellos; sin embargo, la única convención que los une, tácita, es la de que cada cual mantenga la derecha al marchar por la calle, a fin de que las dos corrientes de multitud, que marchan en direcciones opuestas, no se choquen entre sí; sin embargo, a ninguno se le ocurre dignarse dirigir a los otros aunque sólo sea una mirada. La indiferencia brutal, el encierro indiferente de cada cual en sus propios intereses privados, resulta tanto más repugnante y ofensivo cuanto mayor es el número de individuos que se aglomeran en un breve espacio."

Desde que se escribió ese texto al día de hoy transcurrió un siglo y medio. Todo lo descrito se multiplicó por 150 o 1.500. Tanto hemos crecido y decrecido a la vez.

POLÉMICA CONMIGO MISMO

Así andamos nosotros, querida lectora, querido lector. Tú, yo, nosotros, nadie. Cada uno por su derrotero, acelerados, como si hubiera un final de camino con una bandera para el que llegue primero y un Olimpo donde será coronado de laureles. Ya no sabemos por qué ni adónde corremos.

—Hizo una buena carrera —se dice de alguien que ha "progresado" en la vida.

Carreras universitarias. Carreras. Atletismo. Superación. "Se adelantan unos a otros apuradamente, como si no tuvieran nada en común", dice el fragmento citado de Engels sobre la que era el prototipo de ciudad.

Uno dice "el hombre", y quiere hablar de algo universal, abstracto, válido para todos los tiempos. El hombre es, hoy, la ciudad. Y la ciudad es la carrera, todos juntos, como los ciegos aquéllos, corriendo juntos pero solos a ningún lado.

"La indiferencia brutal."

¿Qué podríamos hacer? Dejar de correr, digo yo. Eso es imposible, replica mi otro yo, el carrerista, el realista. Sé que es imposible, le replico, pero bueno, podríamos ensayar, hacer paréntesis, abstenernos a veces, retirarnos del juego en alguna ocasión y luego volver. Como tomar aire y zambullirse luego.

Yo y tú, como sugiere Martin Buber. Eso es tomar aire, abrirse a *otra realidad*. Arrancarse de eso que llamamos realidad porque es de cosas tangibles, visibles, sensibles. Abrirnos a otro espacio, donde dejamos de competir y donde ya nadie te pregunta:

—Vos, ¿a quién le ganaste?

Un momento en el que te atrevas a afirmar:

—No estoy en el mundo para ganar. Estoy para vivir. No contra otros, sino con otros. Desnudos de banderas de largada y banderas de llegada.

—Y sin embargo la multitud y sus mandatos te devora... —dice el otro yo, maligno, freudiano, el que no da tregua.

—Es cierto, pero cuando me escapo de sus garras, de sus mandíbulas, soy feliz.

—Muy de cuando en cuando... —acota el otro, escéptico, irónico.

—¡Muy de cuando en cuando! —afirmo, glorioso.

IRONÍA DE LO HUMANO

Antes decían "el hombre propone, y Dios dispone". Para quien no se crea tan privilegiado en tanto constituye el objetivo constante de la mirada y voluntad de Dios, para quien repase su vida, sin ir demasiado hondo, se le aclarará que "yo soy yo y mi circunstancia". La frase de Ortega y Gasset implica que soy una hoja al viento, ya que la circunstancia que me rodea está fuera de mi voluntad, y sin embargo es la que hincha las velas de mi nave, a favor o contra su voluntad.

Somos la cruza entre el querer, el poder y el azar de vientos imprevisibles. Parte de la multitud, parte de uno mismo partido en partes, parte de algún mosaico desconocido.

Jean Jacques Rousseau en sus *Confesiones* cuenta que tenía un proyecto de ensayo de pensamiento sobre la realidad total, pero no logró llevarlo a cabo por circunstancias desfavorables a ese proyecto.

Maine de Biran (1766-1824) sospecha que ese libro que no se escribió tal vez sería la obra capital de Rousseau, y un aporte enorme para nosotros mismos, ya que en la mente del escritor ginebrino había cuajado la idea de hallar la clave y la llave que permitieran manejar las circunstancias. "Cuántos extravíos —cuenta Rousseau hablando de su proyecto no sido— evitaríamos a la razón; cuantos vicios impediríamos, si pudiésemos obligar a la economía animal a favorecer el orden moral, que tan a menudo contradice."

Gobernar-se. La economía animal refiere al animal que llevamos dentro y que nada quiere saber de la ética, y que es la circunstancia que ahí aparece y nos tiene en jaque perpetuo con sus caprichos, deseos, pasiones, espontaneidades.

Y bien, la circunstancia impidió que Rousseau llevara a cabo su descubrimiento que enseña a gobernar la circunstancia.

Parece irónico. Es irónico. Lo humano nunca deja de ser irónico. Maine de Biran deplora no poder encontrar el secreto para vencer los "infinitos obstáculos que impiden a los hombres seguir un plan fijo y razonado en la conducta de la vida... ¡De buena gana daría la mitad de mi vida por descubrirlo!"

Y luego pasa a contarnos cómo él mismo es una especie de veleta sin descanso:

"En ciertas épocas —escribe Maine de Biran en su *Autobiografía*— me siento invadido por el bien, adoro la virtud; en otras, siento una tibieza, una debilidad tal que me hace indiferente a mis obligaciones..."

Dominamos el mundo exterior, pero somos dominados por nuestro temperamento. Uno es el esclavo de sí mismo. El mayor viento que sopla viene de adentro, no de afuera. Aunque desde el afuera se produce la influencia que penetra en el adentro.

¡APRENDE A JUGAR!

"La felicidad —reflexionaba Maine de Biran— reside en nosotros mismos."

Eso lo sabemos todos. Pero luego viene la pregunta. ¿De dónde de nosotros mismos proviene la felicidad? De los sentimientos, contestará el interpelado.

"Pero si tales sentimientos son modificados continuamente por los objetos exteriores, entonces dependen de ellos."

Complicado, ¿no? Uno quiere ser idéntico a sí mismo, que voluntad y obras coincidan, que el de ayer sea el de hoy, que cada cosa esté definitivamente en su lugar. Y no se le da. Se frustra, entonces, como Maine de Biran.

¿Cómo hacer para no frustrarse? Conocer las reglas de juego, y jugarlo. Son reglas que evaden toda regla.

Deja de ser ese yo arrogante, dominante, que quisiera gobernarlo todo. Déjate fluir. Aprende a jugar. *Homo ludens.* Alegría del que se va descubriendo en los avatares del tiempo, y cuando ya dibuja su semblante y cree que es eso, la nube se des-hace, y entonces se decepciona o se exalta, porque es libre para otro momento, otro semblante.

EL ARCO, LA FLECHA, EL AIRE...

En lo que toca a mí sé de antemano que uno es el arco, otra la flecha, un tercero el aire, un cuarto el objetivo, un quinto mi mano, un sexto mis ojos, y que no coincidirán entre sí.

En consecuencia disparo no para dar en el blanco, sino para saber, con extraña y patética curiosidad, a qué blanco fui a dar. Disparo —cada acto, cada real-ización, es ese envío— por cierto con la intención recta de que la flecha alcance su objetivo natural, pero sé, cuento con la circunstancia imprevista, la suma de todos los factores que cruzados entre sí harán que la flecha dé en cierto objeto. Ése terminará siendo su objetivo.

Cuento con la ironía. No para amargarme sino, al contrario, para maravillarme. Y aun cuando en principio, imaginemos, lo alcanzado —mejor dicho, lo desviado— me frustre ante mis propósitos, *confío* en que los tiempos se irán anudando y en que llegaré a algún puerto, pero no para lo que yo quería, sino para otro fin, que aprendo a querer. Porque en definitiva es imposible querer, pero es posible terminar queriendo, y entonces ya no soy yo y mi circunstancia, sino que cambiamos de lugar, y soy mi circunstancia y yo.

Ése es el funcionamiento del uno mismo. Ejercicio para la liberación de tus esquemas fijos y férreos. Flexibilidad. Disfrute de lo inédito.

Tu ser es tu obra, y tu obra es el significado de ella, como si fuera obra de arte.

En cuanto a tu vida, ésa es tu obra, que la circunstancia, fecundada en genes, vocaciones, tendencias y subjetividades, produce. Y luego eres tú el que la interpreta, ya que lo que hiciste no es lo que quisiste hacer sino eso que te salió del quehacer y del existir circunstanciado.

Primero el acontecimiento, después el significado.

Uno mismo disfruta de esta aventura y en ella encuentra el estallido de su libertad llamado goce. El que contempla de lejos ve a un artista que es sujeto, idea, mapa de la obra que va a realizar, alguien que tiene previstos los detalles, las luces, las reverberaciones, y ni hablar de las imágenes grandes y de sus significados.

Y no, no es así. Ni en las artes plásticas ni en las literarias ni en las teatrales, cinematográficas, coreográficas y tantas más que podrían darse. La idea, en el cerebro del artista, por cierto existe. Sabe qué quiere hacer. Sabe qué quiere significar con eso que quiere hacer. El resto es aventura. El orden viene del sujeto, la aventura de lo que "salga", con tantos factores fortuitos que resulta incomensurable pretender catalogarlos. El fruto se desprende del árbol, y el que lo saborea ya no es el árbol sino otro ser.

Pregunta el experto esteta Ernst Gombrich: "¿Qué sentido tiene hablar de comprensión de una obra maestra? Nunca podremos saber lo que significó para su creador, pues, aunque nos lo hubiera dicho, podría ser que ni siquiera lo supiese él mismo. La obra de arte significa lo que significa para nosotros; no hay otro criterio".

SER ES SER PERCIBIDO

De manera que bien puede el artista *creer* que la obra responde a su idea. Pero una vez desprendida de él, ya no es de él, es del que la recibe.

Aquí se aplica la máxima filosófica de Berkeley: *Esse est percipi*: ser es ser percibido. Eso que se percibe, eso es lo que es. De modo que ésta es la paradoja humana en general: todos modelamos nuestras respectivas vidas con ideas previas, con modelos a construir, pero eso se desprende de nosotros, se nutre de vientos, aires, corrientes, puntos de vista del *otro, el que nos percibe* y ahí nos volvemos dependientes de su versión acerca de nosotros.

La mirada ajena, decía Sartre, me cosifica. Me vuelve cosa, porque me define, me etiqueta. Por lo tanto, si yo quisiera ingresar en la maraña del ser y buscarme, habría de convocar a todos los que me percibieron, me perciben, de lejos, en efigie, de perfil, en libros, en bailes, en gritos bajo la ducha, en cantos junto al mar, en llanto trágico cuando mamá se fue, ella, que era mi percipiente mayor, y al llorarla no lloraba sino la parte de mi ser que con ella se perdía, debería, decía, reunirlos a todos y pedirles:

—Narradme, por favor, narradme quién soy.

En *Do Kamo*, un estudio de Maurice Leenhardt sobre una sociedad primitiva, se cuenta que en ella cada individuo tiene tantos nombres como relaciones. El hombre profundamente religioso —como lo era Kierkegaard— puede llegar a despreciar a la sociedad porque cuenta siempre con Alguien que lo ve, que lo oye, que lo percibe. En lugar de fragmentarse en miríadas de percepciones sueltas y contradictorias, el Uno de Dios lo vuelve uno de ser hombre, y lo hace feliz.

Pero me atrevo a decir que pocas personas son capaces *de vivir religiosamente*. Pensar no es vivir. Creer no es vivir. Actuar es vivir, es decir arriesgar, lanzarse como botella al mar y depender de quien la recoja y descifre, a su manera, el mensaje.

Ése soy, el ser paradójico. Sólo la acción me determina, pero no es mía, aunque brota de mí; es de los demás y del curso de las estrellas. Por eso no soy una máquina. Por eso es tan interesante encontrarse contigo: nunca eres la que uno creía que eras.

El uno mismo vive así, azorado, sorprendido, en admiración y espera.

Un recuerdo para Oscar Wilde

Oscar Wilde era experto en paradojas, en sutilezas del espíritu, y por eso llegó a escribir en *El crítico como artista:* "Es mucho más difícil comentar algo que hacerlo".

Usted pensará que es una bobada, que cualquiera, después de todo, está capacitado para comentar cualquier cosa. Piense que Oscar Wilde pensaba, y no se refería a un comentario que le sale a la gente de la tonta espontaneidad, sino a un comentario crítico, razonado, analítico.

A tal efecto sigue explicando Oscar Wilde: "Cualquiera puede hacer historia. Sólo un gran hombre puede escribirla".

La historia que cualquiera puede hacer brota de una voluntad de poder, una necesidad de acción que termina siendo "una cosa ciega, dependiente de influencias externas y movida por un impulso de cuya naturaleza no es consciente. Es una cosa incompleta en su esencia porque limitada por accidente, e ignorante de su dirección, siempre está en desacuerdo con su objetivo... Es el último recurso de los que no saben soñar".

Imaginación, sueño, poesía son los ideales de vida de Oscar Wilde. Él solía decir que "la naturaleza imita al arte". El arte es todo. El estilo es todo. No importa el qué, sino el cómo. Y por cierto lo estético es al unísono lo placentero en grado mayor.

Él creía estar obrando bellamente en sus relaciones con Alfred Douglas, pero la sociedad tuvo *otra percepción* de esa acción, no vio la belleza y sí vio en cambio el terrible pecado homosexual, y el pobre Wilde cayó en prisión.

Esa falta espantosa, la de amar a otro hombre, con el tiempo fue resignificada hacia el polo positivo. Cómo, pues, no ha de tener razón el hombre que escribió: "Si viviéramos lo suficiente como para ver los resultados de nuestras acciones podría ser que aquellos que se llamaban a sí mismos buenos, con el tiempo fueran captados como perversos". Y viceversa.

Y ya que estamos citemos otra frase: "Lo que se denomina pecado es un elemento esencial de progreso". Pecado aquí debe leerse transgresión, acción que no está canonizada por los usos sociales.

Haga el lector un repaso de la historia y verá cuánta razón le cabía a Wilde. Y puede empezar por el comienzo oficial de la humanidad que, según la Biblia, se da con la ingesta del fruto del árbol prohibido. Una manifestación de la libertad dada por Dios, que después fue muy fustigada por los teólogos expertos en Dios; pero no pudieron eludir un anticipo de la frase de Oscar Wilde, y a esa culpa, la de la caída, la llamaron *felix culpa*. Culpa feliz. Gracias a ella salimos del paraíso regalado a construir nuestro propio mundo, y allí se inicia el progreso del hombre como *faber* (hacer), *sapiens* (saber), *ludens* (jugar), artista, civilizador y esteta.

CAPÍTULO VIII

ELOGIO DE LA EXTRAVAGANCIA

CONFECCIÓNATE UNA NUEVA VIRGINIDAD

Cuando estudiaba en la facultad aprendí de los latinos la frase: *collige virgo rosas*. Recoge, muchacha, las rosas de la vida. Disfruta de la primavera y de sus aromas y de los deleites.

Al pie del texto escribí mi corolario: "Recojo rosas. Por lo tanto soy virgen". Y me parece válido, aún hoy.

Uno mismo es eso que uno mismo vive en plenitud de momento, de encuentro, de imprevisibilidad fuera de todo orden, plan, organización premeditada. Se puede pasar junto a las rosas o claveles de la existencia y no percibirlos porque uno tiene "cosas importantes que hacer". Ese tipo humano ni fue ni es ni será virgen. Nació gastado, y las rutinas sucesivas de las cosas importantes que tiene que encarar le impiden paladear las sorpresas de la existencia.

Un rebelde como Oliverio Girondo lo sabía, y lo expresaba en estos términos: "La costumbre nos teje, diariamente, una telaraña en las pupilas".

—He de confrontar la realidad con mis propios ojos, mis propios oídos, mis propios razonamientos...

Lo que estás diciendo, y no lo sabes, es que todo eso también está cubierto de telarañas, que no son propias, que son de la costumbre, de la sociedad, de la repetición de siglos.

Como si hubiera leído a Roland Barthes comenta nuestro Girondo: "Poco a poco nos aprisiona la sintaxis, el diccionario, y aunque los mosquitos vuelen tocando la corneta, carecemos del coraje de llamarlos arcángeles..."

¿Qué hacemos pues? ¿Someternos así como así a estas crudas verdades? ¿Y la famosa libertad en qué desván la dejamos abandonada?

Girondo nos propone: "Por eso no me cansaré de repetirte que no debes renunciar ni a tu derecho de renunciar. El dolor de muelas, las estadísticas municipales, la utilización del aserrín de la viruta y de otros desperdicios pueden proporcionarnos una satisfacción insospechada...

Confecciónate una nueva virginidad." (*Espantapájaros.*)

HAY QUE ESTAR INTELIGENTE

Nueva virginidad es el destape de la sensibilidad. Generalmente la tenemos obturada por frases hechas, imágenes hechas, todo un mundo pre-cocido a través de cuyos lentes hemos de apreciar lo que nos sucede diariamente.

Des-tape es des-nudarse de tanta costra, y —en consecuencia— ser inteligente. Mejor dicho, *estar inteligente.*

Scholem Aleijem, notable humorista idish de comienzos de siglo, decía: "Hay que hipotecar la ropa interior, si es necesario, y ser rico a toda costa".

Imitando esa fórmula digo yo: Hipotecar todas las grandes ideas que *lo tienen a uno*, y estar inteligente. No digo ser inteligente, porque eso no depende de uno. La genética es la genética. Pero *estar inteligente* es abrirse a lo nuevo en calidad de nuevo y responderle en cuanto nuevo desde la propia renovación. Y eso es inteligencia. Quizá no alcance para entender la teoría de la relatividad, pero para vivir y fruir de los días y de las horas alcanza y sobra. Lo contrario es la ceguera de reflejos condicionados que nos hacen marcar el paso en cualquier dirección.

Los expertos le dicen *estupidez.* Su raíz es el estupor. Uno se queda estupefacto. Como si hubiera ingerido raciones de estupefacientes.

El estupor es eso: la paralización de la inteligencia. El motor está, sí, y es maravilloso. Pero si no lo usas, no existe.

No preguntes quién es inteligente. Pregunta quién está inteligente. Tampoco es menester que preguntes, en realidad. Se ve a simple vista.

SER VERSUS ESTAR

La posibilidad fantástica que tiene el hombre de ejercer la esquizofrenia del *ser* versus el *estar* no deja de asombrarme.

Es racional. Pero no está racional. Digamos que la racionalidad suele ser algo así como un lapsus.

No seas inteligente, insisto. Ni procures brillar con frases de marquesina. Introduce la inteligencia —y la tienes, no consultes a ningún experto, la tienes— en la vida.

Sí, un acto erótico, amoroso, fecundante. Sólo que al revés: que el adentro se haga afuera. ¿Y en qué consiste?, te preguntarás.

La inteligencia, como función, es flexibilidad. Innovación. Desde su etimología tan rica en latín implica "leer dentro" o "leer entre", o "entre-ligar". *Otra* lectura, *otra* captación, *otra* conexión entre esos datos que la existencia ofrece y que la rutina suele engullir en definiciones previas.

Es la capacidad de responder coherente y eficientemente a nuevas situaciones. Creatividad, por lo tanto. No de estar creando algo, alguna cosa, sino creatividad de tu propio ser: al vivir la virginidad de la situación *te* re-creas en completud, para usar un término lacaniano.

Y la vida es recolección constante de nuevas e inéditas situaciones. Si es que uno las percibe, claro está. En cambio, si la rutina domina, nos bañamos fatalmente en el mismo río. Decimos que es río, pero si es el mismo, es estanque y sus aguas deben cargar con una contaminación de siglos.

LA ORIGINALIDAD CREATIVA

Des-viarse era clásicamente alejarse de la única y excelente buena vía.

Hoy se pone en duda que haya una única y excelente buena vía. Des-viarse, en consecuencia, es ensayar otras vías.

Así opera la creatividad. En lenguaje de Umberto Eco es vivir como "obra abierta".

Veamos cómo lo plantea Arthur Koestler: "La originalidad creativa siempre implica un desaprendizaje y un reaprendizaje, un deshacer y un rehacer. Implica la ruptura de estructuras mentales petrificadas, deshacerse de matrices que han perdido su utilidad y recomponer otras hasta formar nuevas síntesis. En otras palabras, se trata de una operación muy compleja de *disociación y bisociación* en la que participan varios niveles de jerarquía mental".

Primero di-sociar. Luego bi-sociar. Des-hacer. Re-hacer. Primero des-viarse. Luego en-viarse.

Edward de Bono denomina al pensamiento que se des-vía en busca de nuevas alternativas creativas "pensamiento lateral". Crece al costado del pensamiento oficial, establecido, dogmatizado, recetado y consagrado.

EL PENSAMIENTO VERTICAL

El osificado por la rutina es el pensamiento vertical. Se clava en un punto y ahí persiste. No se mueve. No se des-vía. Está ahí, haciendo un pozo. No encuentra agua. Pero sigue cavando. Es el pensamiento que no piensa. Está inmóvil.

Se propuso encontrar agua; buscó un lugar adecuado; empezó a cavar. Hasta ahí se ejerció el pensamiento. Luego se petrificó. Cavará eternamente en el mismo pozo aunque no encuentre nada. No se cuestiona. No se des-vía para contemplarse a sí mismo.

De Bono comenta: "La lógica es el instrumento utilizado para cavar pozos cada vez más hondos, para convertirlos en pozos mejores. Sin embargo si el pozo está en un lugar equivocado entonces por más que se lo mejore no se logrará ponerlo en el lugar correspondiente... El pensamiento vertical equivale a profundizar en el mismo pozo, el pensamiento lateral a intentar en otra parte".

El pensamiento vertical es pensamiento auténtico en sus comienzos, luego va cayendo en la red de su propia rutina, se torna automatismo, hábito, reflejo, y ya no piensa. La mayoría de la gente que comienza afirmando: "Yo pienso que...", esbozará a continuación un clisé de fórmula que alguna vez, quizá, pasó por la criba de la mente y de la reflexión, pero que luego se tornó en mero mecanismo repetitivo.

Cuando me encuentro con amigos que con frente fruncida y ojos semicerrados dicen: "Te diré lo que pienso…", me pongo a temblar. De emoción frente a la noticia de que piensa. De pavor por el casete que empezará a funcionar, automáticamente, y la tristeza consecuente.

Conozco gente que desde su *bar-mitzvá* (ritual de los 13 años, en el judaísmo; para cualquier religión o ateísmo, indica el comienzo de la adolescencia) viene anunciando un pensamiento que desde entonces es el mismo, sin modificaciones. La vida ha cambiado, el mundo no es el mismo, pero el "yo pienso que…" es un azote que suele cargar con decenas de años de obstinación.

Un vino añejo, según expertos, es bueno. Cuanto más añejo, tanto mejor. Un pensamiento añejo puede ser fatal.

VAGANCIA Y EXTRA-VAGANCIA DE LA MENTE

Está la rutina. Están los caminos trillados, que por trillados son tan cómodos y confortables y te autorizan a decir "yo pienso", a poner en funcionamiento discos de 78 revoluciones por minuto y otras arqueologías, mientras descansas, y la idea habla sola, se repite sola, automáticamente.

Pensar es salirse de la vía, des-viarse. Tornarse, en lenguaje de Unamuno, en vaga-bundo. El *vago* es el vacío, el vaciado, el que momentáneamente se des-prende de tanto saber acumulado y rutinario. Vaciarse. Vagar. Des-viarse. Eso es pensar.

Unamuno escribió una novela de tesis llamada *Amor y pedagogía*. En ella el descalabro se produce por un rotundo sobrepeso de la pedagogía planificadora de la conducta humana.

Una pareja decide que el hijo que están procreando habrá de educarse en términos exclusivamente científicos, y de ese modo será un genio. Nada de sentimentalismos ni emociones vanas. Inteligencia y razón puras.

El antagonista de esa postura es Fulgencio, que educa al niño, llamado Apolodoro, en la línea de un exultante crecimiento en la unicidad: eres único e irrepetible. Eso va contra toda razón, contra toda lógica. Le dice:

"Extravaga, hijo mío, extravaga cuanto puedas que más vale eso que vagar a secas. Los memos que llaman extravagante al prójimo, ¡cuánto darían por serlo! Que no te clasifiquen... Sé ilógico a sus ojos (de la gente) hasta que renunciando a clasificarte se digan: es él, Apolodoro Carrascal, especie única. Sé tú mismo, único e insustituible. (...) Devuelve cualquier sonido que a ti venga, sea el que fuere, reforzándolo y prestándole tu timbre. El timbre será lo tuyo. Que digan: 'suena a Apolodoro'."

Vagar y extra-vagar —en terminología de Unamuno— es dar lugar a la libertad, al acontecimiento, salirse de las lindes de lo programado. Tener un sonido propio, un timbre único e inconfundible. Ser en plenitud.

EL PENSAMIENTO LATERAL

Uno mismo. Tener —repito con Unamuno— un sonido propio, un timbre inconfundible, que la gente diga "esto suena a Apolodoro". Eso es uno mismo. Reclama la vagancia, es decir el vaciamiento —aunque fuera metodológico— de todo eso que se te ha metido adentro, y luego la extra-vagancia, el salirse al costado. Irse a un costado de la vía. Eso que De Bono llama "el pensamiento lateral".

El pensamiento lateral se denomina así porque se corre a un costado de lo ya sabido y consabido; no se opone, simplemente se des-vía. Intentará otro punto de vista. Un nuevo enfoque.

El ejemplo del pozo es ilustrativo. A mí particularmente me atrapó, porque trajo a mi memoria un hermoso cuento del boliviano Augusto Céspedes titulado casualmente "El Pozo".

Céspedes nos traslada decenios atrás, a uno de tantos conflictos entre seres y naciones; esta vez son bolivianos y paraguayos. ¿Y por qué pelean? Por un pozo.

168

¿POR QUÉ PELEA LA GENTE? POR UN POZO

Entremos en la escena narrativa. Un grupo de soldados deambula por el monte; la sed los atormenta. Uno de ellos comenta que en la zona había visto un buraco, un pozo abierto antaño y luego abandonado. Deciden que lo mejor sería retornar a ese pozo y cavar en él para hallar agua. Así hacen. Pero el trabajo es infructuoso. Inútil todo el esfuerzo.

"El pozo va adquiriendo entre nosotros una personalidad pavorosa, sustancial y devoradora, constituyéndose en el amo, en el desconocido señor de los zapadores."

Primero fueron al pozo a buscar agua. Luego se encuentran trabajando en el pozo porque hay que trabajar en el pozo. El medio es fin. El pozo es el amo. No crean la situación. Ella los va modelando. Son sus súbditos. No hay realidad. Sólo puede haber fantasía, alucinación.

"Pedraza ha contado que se ahoga en una erupción súbita del agua que creció más alta que su cabeza. Irusta dice que ha chocado su pica contra unos témpanos de hielo, y Chacón, ayer, salió hablando de una gruta que se iluminaba con el frágil reflejo de las ondas de un lago subterráneo."

Siete meses estuvieron cavando, y alucinando. Siete meses para despertar a la reflexión: hay que abandonar *ese pozo*.

Pero aquí sucede el milagro. No aparece el agua. Aparecen los paraguayos, el bando contrario, los enemigos. Ellos creen que el pozo de los bolivianos tiene agua. En consecuencia atacan. En consecuencia los bolivianos consideran que ese pozo es importante y vale la pena luchar por él. ¡Defenderán *su* pozo!

"¡Nosotros no cedíamos un metro, defendiéndolo, como si realmente tuviera agua!"

Lucha cruenta, hasta que termina. Hay que recoger a los muertos e inhumarlos.

"Para evitar el trabajo de abrir sepulturas, pensé en el pozo."

Un pozo puede ser fuente de vida. También puede ser fuente de muerte.

El pensamiento vertical ciego y estúpido es el generador

de conflictos y desdichas. Está ahí, clavado como una pica, sacralizado, y a la rutina y a la repetición las llama "principios".

"¡Éstos son mis principios!" suele proclamar la gente como si fueran caballeros andantes y lucharan por causas cósmicas e históricas suprapersonales. Luchan por un pocito, en realidad. Por la imagen que tienen del pocito. Porque el otro se ha enamorado de este pocito, entonces yo esgrimo "mis principios", y estoy dispuesto a matarme por una gota de egoísmo estancado.

El pensamiento lateral se corre a un costado de sí mismo, se abre un espacio hacia otro punto de vista y puede ayudar a despertarnos de ciertas modorras y hacernos recuperar la función del pensamiento.

¡Cómo nos pasamos la vida, individuos, naciones, historia, luchando por pozos vacíos sobre la base irracional del empecinamiento y de la incapacidad de movilizar el entendimiento para ensayar *otra* dimensión reflexiva!

EL MÁS IMPORTANTE DE LOS EXÁMENES

"Noto que la credulidad y la ingenuidad están en vías de desarrollo inquietador. Observo, desde hace pocos años, una nueva cantidad de supersticiones que no existían..."

Ese párrafo lo suscribió Paul Valéry en 1932. El tema no se reduce a pobres e incultos soldados bolivianos y paraguayos que alejados de la civilización pelean por un pozo. Los más cultos y civilizados... hacen lo mismo. Cámbiese el término "pozo" por lo que se quiera, la situación es idéntica:

Se lucha por el vacío, por nada.

O por cualquier cosa. Cuánto más vacío el "pozo", tanto más atractivo es para la guerra, tanto más heroico y emotivo. Y tanto más fácilmente se impone a las masas y funciona como aceitado reflejo. El mismo Valéry, por tanto, acotará: "El examen de los reflejos se convierte en el principal entre los exámenes de hoy".

170

Aproximación a la estupidez

Monsieur Homais, el farmacéutico representante del espíritu científico en *Madame Bovary*, de Gustave Flaubert, razona con toda serenidad:

"Mi Dios es el dios de Sócrates, de Franklin, de Voltaire y de Béranger. ¡Soy partidario de la profesión de fe del Vicario Saboyano (Rousseau; J. B.) y de los inmortales principios de 1789! De manera que no admito como Dios a un señor que se pasea por su jardín (el paraíso; J. B.) con un bastón en la mano, mete a sus amigos en el vientre de las ballenas (historia de Jonás; J. B.), muere lanzando un grito y resucita a los tres días (Jesús; J. B.): cosas absurdas en sí mismas y completamente opuestas, por lo demás, a todas las leyes de la física..."

Discute con un sacerdote De Bournisien que le dice: "Lo absoluto no ha hecho más que desplazarse, la religión lo sitúa en el cielo, el cientificismo liberal lo coloca en la razón humana".

La réplica del sacerdote es atinada. Se rompen altares, y se construyen otros en su lugar. La ilustración de Montesquieu, Rousseau, Voltaire, el reino de las luces, de la razón y la lucha contra los prejuicios y supercherías inculcados por la religión concluyó en sus propios prejuicios.

Alain Finkielkraut, en *La sabiduría del amor*, comenta este movimiento de liberación que implicaba, en el fondo, una subrepticia nueva religión con todos sus fanatismos:

"La lucha contra el oscurantismo de la cual se esperaba una maduración del hombre, no condujo en realidad más que a un cambio de tutela. En lugar de estar la revelación sometida al trabajo destructor de la razón, es la razón la que llega a convertirse y petrificarse en verdad revelada. Homais a los prejuicios de la Iglesia replica con otros estereotipos.

...Nadie razona, todo el mundo recita: librepensadores y clericales no son más que los receptáculos inertes de proposiciones inculcadas en ellos por una sabiduría colectiva. El no pensamiento reina hasta en los sistemas explícitamente destinados a combatirlo. Derrotada en cuanto contenido religioso, la revelación triunfa como proceso mental."

No hay diálogo entre las ideas. Hay posiciones tomadas. Pensamientos verticales que se consagran a sí mismos como absolutos, y de ahí no se mueven. Ése es el principio de la estupidez: la idea inamovible, y por lo tanto muerta.

Tanto el científico como el clerical, hace notar Finkielkraut, están ciegos y sordos para captar al otro y la posibilidad de otro pensamiento y por lo tanto: "Machacan fórmulas aprendidas de memoria y proclaman en un lenguaje casi litúrgico su adhesión sin reservas a la marcha de la historia. Para cada acontecimiento encuentran en su libro sagrado la máxima o proverbio correspondiente... Apenas comienzan a decir una frase ya sabe uno cómo va a terminar..."

Pequeño test para el lector:

¿Conoce usted a gente así, que apenas comienza a decir una frase ya se sabe de antemano cómo concluirá?

¿SE PUEDE PENSAR DE FORMA DISTINTA?

Esa pregunta debe plantearse usted ante cualquier tema. Desconfíe de la respuesta que inmediatamente le viene a la boca, o a la mente. Desconfíe. Está ahí en los archivos, esperando que usted la aplique. Eso no es estar inteligente, sino estar estúpido, estar robótico.

André Glucksmann le dedicó al tema un tratado con nombre bien claro: *La estupidez*. Ahí analiza la mente paralítica en manifestaciones varias de lo personal o de lo social.

"El idiota se proclama ortodoxo en la antigua Rusia, marxista en la nueva, reformado en el norte de Europa, católico en el sur, devoto en todas partes."

Pequeño test para el lector:

Aplique estos análisis para preguntarse cómo hace el hombre argentino, y nosotros también somos argentinos, para encajar en el esquema de Glucksmann. ¿Se atrevería usted a tanto? Sea bueno, atrévase. Es algo íntimo; y no deje ningún rastro escrito, de todos modos, porque estúpidos de cualquier bando lo persiguen a uno y son capaces de quemarlo en efigie. Y con tanta crisis, ¿quién necesita una más?

LA COLUMNA DE POMPEYO

Una carta de Flaubert citada en el libro anterior comenta: "La estupidez es algo inquebrantable; no hay nada que la ataque sin estrellarse contra ella. Tiene la naturaleza del granito, dura, y resiste como él. En Alejandría, un tal Thompson de Sunderland escribió su nombre en la columna de Pompeyo con letras de seis pies de altura. Puede leerse a un cuarto de legua de distancia. No hay manera de contemplar el monumento sin ver el nombre de Thompson..."

Pequeño test para el lector:

¿Le pasó alguna vez eso de grabar el nombre para todas las eternidades en un árbol, en una piedra, en un monumento artístico, en algunos de esos viajes, en paquete por supuesto, al exterior?

LA ESTUPIDEZ, TODO UN ARTE

Con gran amor le dedica Glucksmann este comentario al estúpido, sobre la base del ejemplo de Flaubert: "A su manera el estúpido es artista; quiere transformar su existencia en esencia, lo efímero en eterno y creador de vanguardia, poco le importa destruir el soporte mismo donde pretende grabar su permanencia".

En *Papá Goriot*, de Balzac, encontré esta gema: "Empezó a sentirse disgustado consigo mismo. Los cajones abiertos en su cerebro, que esperaba encontrar llenos de ingenio, se cerraron: se volvió estúpido".

Para salir del estupor de la estupidez Goriot hubiera debido pensar, y eso no entraba para nada en sus cálculos existenciales. O se toma algo del stock de saber repetido y petrificado de los cajones de la mente, o se opta por la parálisis, según había aprendido el francés aquél.

LA AUSENCIA ACTIVA

Vuelvo a Glucksmann, que remata sus ideas con estas expresiones: "La estupidez es ausencia de juicio, pero ausencia activa, conquistadora, preponderante. Procede por persuasión: no hay nada que juzgar.

...La estupidez no responde ni interroga, instaura el reino de los estereotipos y de los tópicos."

Estereotipos son frases hechas, ideas hechas, reacciones hechas, emociones hechas, en fin, un mundo prefabricado que se instala en uno desde que muestra la cabecita al mundo y el mundo le anuncia: te la vamos a llenar, no te preocupes, con estereotipos, que son algo así como la música estereofónica: te da por todos lados y te penetra por todos los poros, por más casto que seas.

Mi abuelo observaba a los bebes y decía:

—Si de pequeños son tan inteligentes, cómo es que después...

Hoy sé la respuesta:

—Se los educa, abuelo, se los educa...

¿QUIÉN ES EL QUE EDUCA?

Cuando digo "se los educa" no me estoy refiriendo a la escuela. Esta institución es apenas uno de los tantos factores educativos que rigen en la sociedad, en particular en nuestros tiempos tan informantes, tan agresivos en su penetración en orejas, hogares, ojos, paladares, etcétera.

Todo eso junto que rodea al sujeto humano, que influye sobre él y lo va modelando, se llama *la cultura*. Eso educa. Es el aire, el medio ambiente en el que uno crece. Shakespeare, *Cambalache*, arrojar latitas de gaseosa en la calle, poner música a decibeles altísimos, para que también Dios escuche, fútbol, cocaína, todo educa. Y sobre todo las frases hechas, las ideas enlatadas, el mandato sexual, el mandato anoréxico y las zapatillas importadas junto con las hamburguesas.

Eso es cultura. Hay cultura de elite, hay cultura de marginales, hay cultura de clase media. Hay cultura de Borges, y cultura de revista femenina para que combatas la celulitis, atraigas a tu esposo y sepas qué hacer con el nene cuando repite el año.

Eso es cultura. No se ve, no se percibe, pero es el agua dentro de la que todos los seres humanos de una sociedad se cocinan. Unos salen escaldados, otros aprenden a superar esa sopa, y otros salen crudos.

De modo que cuando Khalil Gibran decía "tus hijos no son tus hijos", decía bien. Son de la cultura. Nacen de ti, o de tu simiente, pero luego ingresan en otro útero, el cultural, y ahí es donde se nutren y crecen, con la corriente, al lado de la corriente, o contra la corriente, o un poco de cada cosa.

NATURA Y CONTRA NATURA

Homo de muliere natus —el hombre nacido de mujer— reza la traducción latina de cierto amargo versículo del libro de Job. El hombre *natus*, nacido, pertenece como tal al reino de la naturaleza, de cuyo nacimiento no fue previamente consultado, y de cuya muerte tampoco tendrá noticias anticipadas para ejercer su libertad.

Por eso se expresa Job con tristeza acerca de este hombre "de mujer nacido", naturalmente volcado hacia la muerte. *Natus*, nacido, es lo que pertenece al reino de la *natu*-raleza.

La naturaleza enmarca los grandes horizontes de la no-elección, negación de toda eventual libertad; necesidad, pura e implacable necesidad. Comer, dormir, instintos, esfínteres, salud o enfermedad. Y muerte. Necesidad es lo contrario de libertad. La libertad elige. La necesidad se impone, doblega, somete.

El hombre, pues, nace y trae consigo necesidades. Pero luego, al ingresar en el mundo sociocultural, crece entre valores (los positivos y los negativos, todos son valores), elige, prefiere, e inclusive es capaz de dominar o desviar las necesidades de su origen natural. Como los que se abstienen de la vida sexual. O los ayunadores. O los que aprenden a cargar sobre sus hombros 100 kilos. Son desarrollos culturales, anti-naturales.

También la ética es anti-natural: lo natural es que cuando uno tiene hambre se coma todo lo que encuentra en la mesa. Lo ético es que se contenga y piense en el resto de sus familiares o amigos que compartirán esa mesa, y coma sólo su porción. En este ámbito crece el hombre y se va haciendo; se cultiva mientras cultiva. Cultura.

En primera instancia, esta "cultura" se manifiesta como un arrancarse a la circunstancia natural y colocarse por encima de ella.

UN HUESO NO ES UN HUESO

En la película *2001 Odisea del Espacio*, de Stanley Kubrick, asistimos al propio proceso de nuestro devenir cultural, esto es, rigurosamente humano, cuando uno de nuestros antepasados antropoides, darwinianamente simiesco, toma un hueso y deslumbrantemente revela —para sí y para otros—

que un hueso no es un hueso, que puede dejar de ser hueso para transformarse en otra cosa, en un arma, por ejemplo.

Es una revolución. Ahí comienza la cultura, y lo humano. Exactamente en ese punto (imaginario, por cierto, pero esencialmente real) en que un hueso puede dejar de ser percibido como hueso y, en cambio, ser ingresado en otra semántica eventual.

En la naturaleza las cosas —objetos, hechos, eventos— son, y no más. En la cultura valen, significan.

No es que se niegue al hueso, sino que se lo supera. En lugar de someterse el antropoide a la presencia de ese hueso, tal cual es, somete el hueso a su subjetiva presencia, al valor que él le dará, al sentido que le prestará, a la finalidad inédita que le adjuntará. Cuando un hueso se torna "arma para golpear a un enemigo" (y no es necesario representarse esto como un arduo proceso mental de silogismos, deducciones, inducciones, no. Por eso justamente mencioné la película de Kubrick: ahí vemos la mano que transforma al hueso en otra cosa; basta con eso; no se requieren verbalizaciones discursivas) aparece una dimensión absolutamente inédita que el hueso no traía consigo. El hueso, en cuanto dato natural, no trae consigo, en general, nada. Es. Y punto.

UNA ROSA ES UNA ROSA ES UNA ROSA

La aparición de un sujeto humanizante desgarra al hueso de su contexto natural y lo transporta a otro, pluridimensional, casi infinito semillero de posibilidades interpretativas, de uso, apropiación o contemplación.

El hueso se vuelve mero apoyo físico para innumerables e imprevisibles significados, valores.

Si cabe hablar de libertad, éste es el terreno específico de lo libre versus lo necesario. Libre, ante todo, de lo necesario. Nuestro Francisco Romero, en su *Teoría del Hombre*, lo radicaba en nuestra capacidad de objetivación.

Esta capacidad consiste, repito, en poder extraerse del fluir de la naturaleza, colocarse a un costado, elevarse por encima del torrente para verlo mejor. Tomar distancia, la suficiente como para poder decir: "Esto es un hueso". Primera afirmación.

A ella se añadirán otras, acordes con el sujeto y con la circunstancia. Un hueso puede ser un arma. Un hueso puede ser un adorno en la entrada del living-comedor. Un hueso puede ser un pisapapeles. El ámbito de la cultura —de la libertad de lo humano— es el del "puede ser".

Si todo fuera, no habría libertad. La hay cuando el sujeto irrumpe en el campo de lo fáctico-natural, y lo abre como una inagotable caja de golosinas o de Pandora.

Una vez des-atado el "puede ser", la estricta libertad no admitirá fronteras. De ahí aquel extraño y profundísimo poema de Gertrude Stein que dice:

"Una rosa es una rosa, es una rosa es una rosa..."

La auténtica definición de rosa debería comprender todo lo que la rosa puede ser. El ser, verídicamente, sería la suma de todos los "puede ser" de la rosa, y de cada objeto, vivo o inerte.

El precio de la libertad: inseguridad

Claro que, junto con el goce de la apertura cósmica que cada ser trae consigo —y que la libertad se encarga de explotar culturalmente, dando formas, sentido, significado, valores, eternas posibilidades inéditas—, junto con ese deleite, digo, está la herida de la apertura en sí, puesto que implica un ardor infatigable o, al decir de Sartre, "una pasión inútil".

El goce de la libertad es, al mismo tiempo, garantía de inseguridad. Es su precio o su causa o su consecuencia. Lo mismo da, puesto que se trata de una ecuación.

Si todo ser se diluye en el "puede ser", y yo mismo soy el portador de los eventualmente cambiantes sentidos del ser, todo esto es muy hermoso y angustiante a la vez. Ese "puede ser" se me mete adentro y me vuelve mera —y pura— potencia que jamás arriba a acto.

La libertad al aferrarse al "puede ser" está denunciando *eo ipso* la transitoriedad. Y eso quita el sueño. Es menester, bien lo dijo Martín Fierro, un palenque adonde rascarse, que traducido en términos de Arquímedes equivale a un punto de apoyo, firme, fijo, inmutable, sobre el cual podamos construir nuestro personalísimo mundo.

Esta es la trampa de la libertad y sus consecuencias culturales.

Somos libres gracias a que nada es "natural", fijo, inmutable, cuando nuestros ojos dotadores de destino y sentido lo des-cubren y lo ponen a la intemperie de nuestras divagaciones y/o creaciones. Gracias a esa apertura podemos crear. Así nace el hombre, es decir su mundo: la cultura.

LA SITUACIÓN DE NAUFRAGIO

Dialécticamente, tesis y antítesis, se resumen en la "cultura". Por una parte tiene lugar porque objetivamos el mundo, lo desgajamos de lo meramente natural, lo sometemos al conocimiento, a la praxis, a la valuación, lo re-creamos, lo re-formamos e in-formamos. Por eso, porque todo "puede ser", somos hombres y hay cultura. Empero, eso nos arroja —insisto con Sartre— en un vacío, el propio del "puede ser", sumamente positivo, por cierto, estimulante para la creación, para toda creación, ilimitada, apriorísticamente sin cartapacios, pero llena de angustia, puesto que querríamos llegar a "algún lado".

De ahí el doble aspecto de la cultura:

A) Abrir el mundo a inéditos sentidos impuesto por el hombre.

B) Fijar esos sentidos y luchar por cubrir esa apertura. En otros términos: tapar el pozo.

Ortega y Gasset, en su ensayo "Goethe desde adentro", expresa muy bien esta situación:

"La vida es en sí misma y siempre un naufragio. Naufragar no es ahogarse. El pobre humano, sintiendo que se sumerge en el abismo, agita los brazos para mantenerse a flote. Esta agitación de los brazos con que reacciona ante su propia perdición es la cultura, un movimiento natatorio. Cuando la cultura no es más que eso, cumple su sentido y el humano asciende sobre su propio abismo. Pero diez siglos de continuidad cultural traen consigo, entre no pocas ventajas, el gran inconveniente de que el hombre se cree seguro, pierde la emoción del naufragio y su cultura se va cargando de obra parasitaria y linfática."

Naufragio es carencia de sostén, de apoyo. Ahogarse es idéntico a angustiarse. Claro que hay niveles o, mejor dicho, sustratos distintos del naufragio, verticales diría, para no establecer valores superiores e inferiores; en fin: necesidades de distinto orden.

LA TENDENCIA AL AGUA ESTANCADA

En la película de Kubrick, ya mentada, hay una necesidad bélica, del orden de la subsistencia física. Ahí se abre el campo de la inventiva llamada tradicionalmente "inteligencia". Se produce un nuevo sentido: "Un hueso no es un hueso; un hueso puede ser un arma".

El devenir socio-histórico, al fijar los nuevos sentidos, los va codificando, canonizando, sancionando, estabilizando. Esa es la otra cara de la moneda a la que alude el pensador español en el párrafo citado.

Cultura es creación; luego cultura es conservación, tradición, dogmatización de lo ya creado, es decir negación —en principio— de la creación, de la libertad, en nombre de la tradición que no debe cambiar. Ahí el agua, fluyente en su comienzo, se torna agua estancada. Y el resto de las consecuencias extráigalo usted.

Profetizaba Oswald Spengler allá lejos y hace tiempo, a comienzos de este siglo:

"En otro tiempo uno no podía atreverse a pensar libremente; hoy puede hacerlo; pero resulta imposible. Cada cual pensará lo que le hagan pensar, y lo sentirá como su libertad".

Es la sociedad de masas. Es el hombre autómata. Es el ser

manejado por afiches, avisadores, publicidad... Lo que todos leen, tú has de leer. Es tan hombre-masa el que lee a Eco porque todos lo leen (mejor dicho, con el mayor respeto y sin ofender a nadie, compran, todos compran, pero no necesariamente leen), como el que hace el amor con su esposa siguiendo paso a paso el manual de eficiencia sexual que se vende en millones de ejemplares.

Se puede ser ignorante por dejarse llevar por las masas.

Se puede ser culto por dejarse llevar por las masas.

Ambos casos comparten lo esencial: no son más que títeres de voluntades ajenas.

LAS CONTRADICCIONES DEL HOMBRE QUE VA A LA LUNA

La cultura busca certidumbres para superar naufragios, cuando se presenten. En lo físico, en lo espiritual. A medida que crece la acumulación de tradiciones culturales se canonizan, según dije, valores, sentidos adheridos tanto a objetos cuanto a ideas o emociones. Y la caída, entonces, ya no es la de la angustia sartreana; ya no venimos arrojados al vacío del ser, sino a su plenitud armada y totalizada y estructurada por el mundo cultural dentro del cual nacemos. No, no caemos en un mundo abierto, sino más bien en uno mullidamente cerrado. En principio, es cómodo y amable, sumamente cálido.

En nuestro siglo, que es específicamente del hombre, es decir un siglo pre-ocupado por todo lo humano-cultural, se produce la gran crítica (vaticinada por los títulos de Kant) de lo humano cultural. "Crítica", del vocablo "crisis". Y con ella, la recaída.

Si la cultura sirvió al antropoide para salvarse de las redes de lo natural, luego el devenir histórico la va fosilizando en forma de segunda naturaleza, pletórica de no libertad.

Uno de los mayores estudiosos de este tema, Ernst Cassirer, así lo ve en la introducción a su monumental *Filosofía de las formas simbólicas*. Al principio hacemos cultura a favor de la vida. Después, con la cosificación de valores y sentidos, la cultura se opone a la creatividad de la vida.

181

No hay alternativa. Es el juego de la libertad que al crear va dando lugar a jaulas, prisiones más o menos duraderas. Hasta que el tiempo —los hombres, las generaciones— las corroen paulatinamente con nuevos arranques de libertad, para crear nuevas... jaulas, prisiones de ideas, sentimientos, valores, frases, conceptos, imágenes.

No hay alternativa sino la conservación, lo estable, lo fijo, lo duradero.

No hay alternativa sino el movimiento, el cambio, lo pasajero. Sístole y diástole de la cultura. Petrificación, cambio, petrificación, cambio. Momentos alternantes. Sólo que no todos los movimientos en todos los sectores de la actividad humana corren parejos, paralelos.

Del primer hueso-arma al hueso-decorativo, al hueso-botón, al hueso-cenicero, hay leves y elementales pasos de evolución técnica. De las ideas —las conocidas— de los hombres primitivos a las nuestras, poca o ninguna modificación se ha producido. Hablo de las ideas que configuran las elementales bases de la existencia, léase co-existencia. Seamos optimistas y digamos: hubo modificaciones, por cierto. Leves, levísimas, y esto siempre que olvidemos por un instante los titulares de los diarios.

Es lo que se llama, en sociología, "rezago cultural". El hombre que pilotea el cohete a la Luna, está en el apogeo de lo nuevo y revolucionario, en cuanto a la tecnología y sus avances; ese mismo hombre, cuando vuelva a su casa, actuará y pensará y reaccionará ante otra gente igual que hace 20 o 30 años atrás. No cambió un ápice su manera de ser.

LO DE AFUERA, LO DE ADENTRO

Es sencillo avizorar que en la cultura todo lo ajeno al hombre es lo que más cambia. Lo interior —las ideas y creencias— es lo más "duro", lo más "óseo".

De ahí —dicen los que saben— la neurosis de vivir disgregados entre planos de distintos "tonos" culturales. Tecnológicamente, a nivel de televisión y jet-set. Espiritualmente, moralmente, el nivel está dado por los tipos de programas y contenidos que se muestran en ese aparato para distraer a los viajeros en vehículos ultrasónicos.

Esta neurosis esquizoidea, si se me permite, se da en todos los niveles de la población y en todos los grados de la cultura que están a su alcance. No hay que ser "culto" para disfrutar de esta ambigüedad radical de nuestra cultura. La televisión —instrumento divino de transmisión cultural— cultiva (para ser fieles a la raíz de "cultura") al niño en temas de notable altura espiritual y también lo nutre con *El increíble Hulk* y sus congéneres.

Nadie —sobre todo los sistemas educativos organizados— imagina el caudal de saber y potencial disgresivo que un niño posee en este siglo televisivo. Pero está también "lo otro", Hulk, el cultivo de la evasión super-infantil que comparten por igual niños y ejecutivos.

Herbert Read, en *Al diablo con la cultura*, cita su polémica con Eric Gill. Dice: "Gill llegaba a insinuar que no había diferencia de fondo entre el artista y el artesano; como si dijéramos entre Shakespeare y el carpintero que construyó una de sus camas predilectas. Y de ahí concluía que acaso no haya gran diferencia entre la destreza del uno y del otro; la construcción de las piezas teatrales de Shakespeare, en efecto, no es de tal perfección que se vea libre de críticas, y la cama de marras estaba tan bien construida que el poeta la legó en su testamento. Entonces, ¿qué poseía Shakespeare que no poseyera el carpintero?"

Read insiste en demostrarnos luego que la diferencia es capital.

La letra del tango que nos habla de este "siglo XX, cambalache..." demuestra, al contrario, que en nuestra era los valores no se contraponen ni se contradicen; co-existen; se acumulan unos sobre otros, "Biblia y calefón"; comparten al hombre.

Las obras de Shakespeare y la cama del artesano que Shakespeare usaba se complementaban precisamente porque se distinguían, y ese matiz es lo que Read no capta en la postura de su contrincante. "Obra teatral" y "cama" son objetos-valores de distintos ámbitos, ambos necesarios, ambos complementarios.

A lo cual se puede responder que el hombre contemporáneo necesita al Increíble Hulk, y también el estudio de los quanta, y también las películas de Bergman; el mismo hombre, exactamente la misma persona.

Alguien dentro de mí pega un salto y grita:

—¿Pero no se contradicen?

Otro alguien dentro de mí, reposado, irónico, con tenue y persuasiva voz (como habrá sido la voz de Serpiente en el vetusto Paraíso) responde:

—Eso es el hombre, contradicción...

CAPÍTULO IX

VOLVAMOS A LA NATURALEZA

¿Cómo empezó todo?

Todo empezó con Jean-Jacques Rousseau (1712-1778). Era ginebrino, se desarrolló en Francia y nunca se molestó por ocultar su complicada personalidad. Racionalista y sentimentalista a la vez, descubrió la pedagogía como ciencia y arte de la modernidad, y al mismo tiempo tenía hijos, a los que iba sembrando y abandonando por el mundo, porque le era prácticamente imposible vivir con ellos. Enseñaba a otros a educar, pero ser padre era para él una tarea excesivamente baja para su alto espíritu filosófico.

En fin, el hombre vive de contradicciones, sobre todo aquellos que separan la vida de la obra, la conducta del pensamiento, la acción que realizan de la palabra que dice lo que hay que hacer.

Rousseau no es el primero ni será el último. Pero en aquellos tiempos que preparaban la revolución francesa el predicamento de Rousseau, rebelde, chisporroteante, tuvo mucha influencia.

La idea que más conmovió a la sociedad de su tiempo se expresaba en este párrafo: "El hombre salvaje y el hombre civilizado difieren tanto en el fondo de su corazón y en sus inclinaciones, que lo que constituye la suprema felicidad de uno haría caer al otro en la desesperación. El primero respira sólo paz y libertad; sólo desea vivir y verse libre de fatigas. Por su parte el hombre civilizado está siempre en movimiento, sudando, esforzándose y devanándose los sesos para hallar ocupaciones aún más fatigosas. Sigue trajinando hasta su último momento y hasta busca la muerte para ponerse en condiciones de vivir, o renuncia a la vida para adquirir inmortalidad...

187

Hombres a los que la opinión de los demás, más que la propia, hace sentir felices y satisfechos consigo mismos. En realidad el origen de todas estas diferencias está en que el salvaje vive dentro de sí mismo, mientras que el hombre social vive constantemente fuera de sí mismo y sólo sabe vivir según la opinión de los demás, de modo que parece adquirir conciencia de su existencia sólo a través de los juicios ajenos que lo conciernen." (*Discurso sobre el origen de la desigualdad entre los hombres.*)

REIVINDICACIÓN DEL SENTIMIENTO

Por eso Rousseau reivindica el *sentimiento* que, desde el origen griego de la cultura, venía siendo despreciado como el accidente de la sustancia. Aquello que la sustancia, es decir la razón, el logos, debe someter y reprimir.

La pasión es el hombre. En ella se consume, en ella se realiza. Siento, por lo tanto existo.

Escribe Ernst Fischer en su libro *La necesidad del arte*: "El rasgo común a todos los románticos era una crencia en la insaciabilidad del individuo y la aceptación de la 'pasión por sí misma' (Stendhal)... Keats dijo que en nada creía más que en el 'afecto del corazón'. Shelley escribió que 'la imaginación es el Dios inmortal hecho carne para la redención de la pasión mortal'".

Entendámonos: cuando decimos civilización aludimos a una realidad compuesta por razón, utilidad, organización. El romántico quería destruir todo eso porque, decía, lo ahogaba, le impedía vivir, y vivir es a través del corazón, de la pasión, del sentimiento y no de esa matemática fría que es la razón que todo lo pesa, lo evalúa, lo mide. Por eso Géricault, el pintor, hablaba de la "fiebre de la exultación que todo lo derroca y aplasta".

El romántico deploraba la física y concreta realidad hecha de negocios, organizaciones, premeditaciones y razonamientos. Quería la liberación total del individuo y de su mundo interior. Iba a la redención de lo salvaje y lo exótico, hacia lo infinito. Y en la poesía y en el arte, encontraba la mayor expresión del hombre. Odiaba la ciencia que destruía al arco iris en su maravilla, para transformarlo en una ley física de fragmentación de la luz en un prisma de la gota de agua.

Si el mundo de los negocios y convenciones era el día, ellos, los románticos, preferían la noche. De ahí los *Himnos a la noche*, del alemán Novalis, que preguntaba:

"¿Debe volver siempre la mañana?
¿No ha de acabar nunca el poder de las cosas terrenales?
La industria sacrílega consume
el celestial manto de la noche."

EN BUSCA DEL HOMBRE AUTÉNTICO

Buscaban al hombre, a *otro hombre*. Al auténtico. No al dominado por la moneda, la planificación de la ciudad, el intercambio de bienes de la Bolsa, la industria y el comercio. Un ser poiético, creador. Tenían fe en que todo hombre puede llegar a eso y de ese modo renovar completamente la humanidad en un gran amor universal.

Novalis escribía: "La comunidad, el pluralismo, es nuestra esencia. La tiranía que nos oprime es nuestra indolencia espiritual. Ampliando y cultivando nuestras actividades dominaremos nuestro destino. Si establecemos una armonía entre nuestra inteligencia y nuestro mundo seremos *iguales a Dios*".

El romántico, en el texto de Novalis, rinde culto a la individualidad pero con el fin de construir una nueva humanidad. Se desgaja de la sociedad que sólo conoce de intereses creados, negocios e hipocresías constitutivas de sus convencionalismos. Aspira a otro tipo de sociedad, sin separatismos, humana y universal. Es un idealista, y está convencido de que un mundo de artistas sería un mundo de individuos creativos y por lo tanto buenos.

En contra de lo prefabricado

Como predicaba Rousseau, hay que volver a la naturaleza. Ésta es también la ley del romanticismo.

M. H. Abrams, en *El espejo y la lámpara*, estudia a fondo el fenómeno del romanticismo y el ideal del genio que este movimiento promovía. Ser genio, ser sobre-saliente, y por tanto contra-cultura y anti-sociedad, es el gran ideal.

¿Quién es genio? El creador que se aleja de los prejuicios aprendidos en la tradición cultural vigente y busca la materia de la creación y sus reglas dentro de la naturaleza. La naturaleza es buena, la naturaleza es genial, es decir, gen-eradora de novedad y evolución. Civilización y cultura, razón y matemáticas para la industria y la utilidad, son los enemigos de esa naturaleza.

Carlyle, al sentar la "naturaleza" como norma —explica Abrams—, la interpreta de modo de condenar todo "arte", y sentar como lo ideal en todas las humanas empresas la confianza en lo inconsciente y lo instintivo.

En efecto, lo consciente es lo que aprendimos en la escuela, en la familia, en la calle, lo que todos dicen y repiten. Por tanto, el espíritu romántico busca la verdad en la oscuridad de uno mismo, en el inconsciente, o en la oscuridad de los mitos y las leyendas antiguas. Huir de lo prefabricado, de lo artificial.

"Pues en todas las cosas vitales, los hombres distinguen lo artificial y lo natural..., lo artificial es lo consciente, lo mecánico; lo natural es lo inconsciente, lo dinámico. De tal modo, así como tenemos una poesía artificial, y damos precio sólo a la natural, así también tenemos una moralidad artificial, una sabiduría artificial, una sociedad artificial."

Por cierto bien sabemos en el último siglo y medio que lo natural es algo inexistente. Todo es artificial. En todo caso, puesto que todo nuestro mundo, al ser creado por nosotros, es artificial, todo puede ser considerado natural, ya que otra naturaleza no conocemos. Pero los románticos soñaban con esta dicotomía y de ella se nutrieron y con ella influyeron en la posteridad, y nosotros somos sus bisnietos y herederos, aunque no lo sepamos.

Por otra parte, algo que ellos sabían, nosotros ignoramos con olímpica soberbia: para ser natural *también hay que tener reglas, y muy estrictas, muy exigentes.*

SER NATURAL ES SER CON REGLAS PROPIAS, PERO REGLAS AL FIN

Cuando Goethe realizó su viaje por Italia, que tan honda impronta le dejó, comentó que las altas obras del arte clásico fueron producidas "como las altas obras de la naturaleza, conforme a leyes verdaderas y naturales". Y más tarde declaraba que los artistas "finalmente se hacen las reglas sacándolas de sí mismos, según las leyes del arte que subyacen en la naturaleza del genio creador tan de verdad como la grande y universal naturaleza mantiene eternamente sus leyes orgánicas".

El romántico no busca el caos y la anarquía. Al contrario, está ansioso de la norma y la ley, pero dictadas por la naturaleza, y eso necesita un buceo al fondo del ser que no haya sido aún contaminado por la cultura social y sus prejuicios.

Coleridge escribía: "No imaginéis que estoy por oponer el genio a las reglas... El espíritu de la poesía, como todas las fuerzas vivientes, debe necesariamente circunscribirse a sí mismo por reglas, aunque sólo fuera para unir la fuerza con la belleza. Debe tomar cuerpo para revelarse él mismo; pero un cuerpo viviente es necesariamente un cuerpo organizado...

Ninguna obra del verdadero genio arriesga carecer de forma apropiada; ni, en verdad, hay peligro alguno de que ello ocurra. ¡Como no debe, tampoco puede, carecer de ley! Pues es esto igualmente lo que constituye el genio: el poder de actuar creadoramente bajo leyes por él mismo originadas. La naturaleza —primer artista genial, inagotable en sus diversos poderes— es igualmente inagotable en sus formas. Y tal es igualmente la excelencia propia de su poeta elegido, de nuestro Shakespeare, él mismo una naturaleza humanizada, un genial entendimiento dirigiendo autoconscientemente una fuerza y una sabiduría implícita más profunda que la conciencia de sí."

La razón es desplazada por las fuerzas naturales que provienen de lo hondo, oscuro y a las que hay que darles crédito. En realidad somos todos herederos de ese romanticismo, y finalmente fue Freud quien terminó de dar forma a la teoría del inconsciente como la fuerza primodial del hombre y su fuente de energía.

Sólo que los románticos, en esos impulsos e instintos, encontraban *reglas, normas, leyes*, y no mera arbitrariedad de ser libre y hacer lo que a uno mejor le parezca.

El romanticismo no regalaba nada, al contrario era exigente. Rebelde significa exigente.

NUESTRA GRAN ILUSIÓN

Emmanuel Kant, el gran filósofo, precedió a los románticos, y ya respiraba ese aire de la pasión creadora y de la presencia del genio como figura humana excepcional. En su *Antropología* escribía:

"El verdadero campo del genio es el de la imaginación, porque ésta es creadora y se halla menos sujeta que otras facultades a la compulsión de las reglas, por lo mismo, es tanto más capaz de originalidad."

Si uno es posmoderno y argentino salta de alegría, se mira en el espejo, y se dice: "Soy un genio; me salteo todas las reglas y soy yo mismo".

Pero hay que seguir leyendo a Kant que reconoce, como todos los pedagogos actuales, inclusive Paulo Freire, que "el mecanismo de la instrucción, por forzar en todo tiempo al discípulo a la imitación, es ciertamente perjudicial a la germinación de un genio, a saber, en lo tocante a su originalidad".

Otro salto de alegría para el hombre de la actualidad, tan reacio él a la autoridad de los que creen que saben más y que por eso tienen autoridad.

Somos todos iguales, sostiene el sujeto creador (también

de la nada, pero creador al fin) de esta era de libre vacío, y aprender es algo dañino porque coarta la originalidad. Si lee a Kant, hasta puede citarlo. Ocurre que no lo lee, porque el "creativismo" actual se tiene confianza y reniega de los de antes, plomizos todos.

Sin embargo, supongamos la utopía de que sí lean a Kant. Entonces se llevarían tamaña sorpresa. Sostiene Kant que si bien esa instrucción reprime la originalidad, sin embargo le da cauces, y sin ese aprendizaje forzoso y sin reglas, el producto sería "delirar, acaso una locura original, pero no sería sin duda ejemplar, y por ende, tampoco podría ser contada como genio".

NOSOTROS, LOS DEL SHOW DE LA REBELDÍA, POR SUERTE NO LEEMOS A KANT

Pero la gente, por suerte, no lee a Kant y se queda con el YO grandote del genio sin serlo, sin generar nada, simplemente expresándose.

Ésa fue la gran ilusión que heredamos del romanticismo, aunque falseando las fuentes. De ella nos nutrimos hasta el día de hoy. También en este tránsito de siglo el "afecto" es el tema primordial. "La inteligencia emocional." La gente escucha estos términos y se estremece de placer de uno mismo.

Ironía: cuando pensamos lo que pensamos, repetimos lo que otros nos ordenan repetir sobre la fraternidad, la democracia, el amor al prójimo, la paz en el mundo, etcétera. Frases hechas.

Cuando sentimos, también sentimos lo que se nos ordena sentir, y nos apasionamos por el apasionarse mismo, sea en el festival Woodstock o en aquellos otros en los que los ídolos rompen guitarras, micrófonos, luces y se manifiestan en plena autenticidad vandálica.

El conflicto dionisíaco

En la Grecia clásica, entre otros regían dos dioses: Apolo y Dionisos. El primero era el del arte, el de la medida, el de la razón y la geometría que, a su vez, sostenían la belleza. El otro era el dios del vino, de la embriaguez, de los instintos desatados, de la furia del éxtasis. Hasta el día de hoy nos sirven como dos diapasones para enhebrar o cotejar músicas totalmente opuestas de la posible existencia humana.

El sentimiento, la emoción, nos arrojan al espacio. Y no producen realidades, ni las modifican, porque Dionisos solo, el dios del éxtasis, es esplendor de llama y fulgor de estrella fugitiva.

Escribía Serge Lifar, el genio de la danza, desde su experiencia artística: "Diría que lo orgiástico, el caos y desencadenamiento de Dionisos constituye una base, un subsuelo del arte; del arte que, cuando Apolo está solo es demasiado perfecto, demasiado frío y excesivamente severo. Únicamente la sublime unión de Apolo y de Dionisos descubierta por la religión de Delfos es un arte vital, verdadero, con sus imágenes terrestres y su elevación vital..."

Dionisos es el dios del impulso, de la libertad que brota de las entrañas, del deseo impetuoso, de la exaltación divina. Apolo es el dios de la forma, de la belleza, de la contención, de las matemáticas, del molde en el cual hay que volcar la libido de la libertad para que sea realidad constructiva y no impulso ciego. En la orgía de Dionisos el otro es devorado. Es amor, pero que aniquila, porque sólo se quiere a sí mismo. (*Las bacantes*, de Eurípides, traza magistralmente la idea de este conflicto.)

En Apolo radica la capacidad de tomar esa energía y canalizarla, educarla, pautarla. Por eso, con Dionisos solamente la libertad se pierde como el agua derrochada en ardiente tierra. Él es apenas el momento, el presente inasible; el deseo más profundo de ser nada, de ser nadie, desligado de los otros y perdido en un todo cósmico, erótico. Jean Brun lo define así:

"El cortejo de Dionisos lleva actualmente en su séquito al

erotismo furioso, la revolución sin doctrina, los estupefacientes químicos e intelectuales, el reino de los *mass-media*, el ludismo integral, la crueldad y la violencia".

Apolo es futuro, es dimensión histórica. En el puro presente la libertad se enciende y se consume de una sola vez en su propio éxtasis. El futuro requiere el sacrificio de la momentaneidad, de la pasajeridad.

Esos dioses representaban, para los griegos, dos grandes fuerzas opuestas que integran la realidad humana y la realidad toda. La aventura y el orden, decía Apollinaire. El caos y la forma. La explosión y la cristalización.

La civilización representa a Apolo en su dominio sobre los instintos, las furias, las pasiones. Pero la civilización, a su vez, necesita de un apoyo trascendente, una creencia fundamental, el punto más fino y supremo de la pirámide sin el cual la pirámide no tendría base ni sentido. En Occidente, lo llaman Dios.

Dicho brevemente, Dios fue desplazado por la razón. Con el tiempo, ésta empezó a desmoronarse. El individuo explosivo y extático es dionisíaco porque no tiene razón de ser ni ser de razón sostenible.

FUERA DE LA REALIDAD ESTÁ LA REALIDAD

Retornemos a Rousseau, que había descubierto una gran verdad: la civilización es nuestro avance, pero también es nuestra prisión. La civilización es cosa de la *civitas*, de la ciudad. Rousseau vislumbra, correctamente, cómo el hombre se aparta de la naturaleza para ir hacinándose en las grandes urbes; allí se distorsiona y se corrompe la pureza del contacto entre el ser y el mundo, el ser y la naturaleza. La ciudad —y su consecuencia, la civilización, es decir, toda esa maraña de relaciones de poder entre la gente y sobre todo la opinión ajena que nos va modelando hacia la felicidad o la infelicidad—, la ciudad, repito, nos des-naturaliza.

Rousseau señaló esta gran mancha oscura en el crecimiento del hombre moderno y clamó por un retorno a la naturaleza y a la vida rural, al campo, a las estrellas, las mieses, las luciérnagas y las puestas de sol. Era un romántico. Hay que volver a la naturaleza. Otros románticos, poetas y novelistas, querrán fugarse de esta realidad opresiva huyendo a la edad media (Walter Scott, Victor Hugo) o a las grandes leyendas del pasado.

PEDAGOGÍA DEL SER HOMBRE

En su libro *Emilio*, Rousseau expone la teoría pedagógica del hombre nuevo, el hombre natural, tomando como modelo al joven de nombre homónimo que se va criando en el orden de los preceptos del retorno a la naturaleza.

"En el orden natural de las cosas, siendo todos los hombres iguales, la vocación común a todos es llegar a hombres, y todo aquel que esté bien preparado para ello no puede cumplir mal ninguna otra vocación que de ello dependa."

Los hombres nacen iguales, son iguales y tienen una sola vocación: llegar a ser ellos mismos. Luego dentro de esa vocación general hay, en cada ser, distintas vocaciones y éstas, si se las deja ser, no pueden fracasar.

"El hecho —escribe el filósofo francés— de que mi alumno esté destinado al ejército, a la Iglesia o al foro, tiene poca importancia para mí."

Ése es el destino que la sociedad de la época le tiene reservado a Emilio, y que se abría en tres caminos que eran los de mayor dignidad: uno era la iglesia, la religión, el sacerdocio como carrera; otro, la carrera militar, y el tercero el del foro, es decir, la abogacía y la vida política. Nada de eso que la sociedad civilizada quiere imponerle a Emilio vale ni merece consideración alguna por parte de su pedagogo Rousseau.

"Antes que pensar en seguir la vocación de sus padres, la naturaleza lo elige para ser hombre. Lo que quiero enseñarle es cómo vivir. Al salir de mis manos, no va a ser, lo admito, magistrado, soldado ni sacerdote. Primeramente va a ser un hombre."

Hay que educarlos desde que nacen. Sacan la cabecita al mundo y ya hay gente esperándolos, y su mera presencia los educa, los forma, los modela.

"Empezamos a instruirnos en cuanto empezamos a vivir; nuestra educación comienza con el comienzo de nuestra vida; nuestro primer maestro es nuestra nodriza."

Hay que ser uno mismo, pero dependes del otro. Nace el bebe y su situación primera es de dependencia. Todos los que lo rodean —eso que Ortega llamaba la "circunstancia"— inciden en su persona, con palabras, gestos, modales, costumbres, actuaciones. Lo primordial son las actuaciones.

Aquí aparece otro de los grandes mandamientos educativos de Rousseau: actuar es vivir. Vivir no es pronunciar frases, ni cultivar la mente en exclusividad. El hombre es todo su ser, todo su interior y todo su exterior, su cuerpo, sus nervios, sus facultades, su sensibilidad. Todo ha de ser cultivado. El ser en su integridad de cuerpo, alma, razón, sensualidad, sentimientos. El hombre es todo el hombre.

Ésta es una de las grandes revoluciones que llevó a cabo Rousseau, por las que es considerado padre de la pedagogía moderna. El hombre total ha de ser el objetivo de la crianza y de la educación de los niños.

PRIMERO SE NACE, DESPUÉS SE HACE

El hombre no es bueno ni malo. Es. Nace y se va haciendo. Lo van haciendo. Se va haciendo con ese material con que lo van haciendo, tomando, eligiendo, desechando.

Los hijos de la familia Bach eran casi todos músicos. Se fueron haciendo en la música, pero seguramente había en ellos genes, tendencias, vocaciones —como gusten llamarlo— que encajaban con esas cáscaras exteriores, en este caso musicales, que la familia imponía directa o indirectamente a sus hijos. Si así no fuera, por más música que se le quiera introducir a un niño en el alma, no responderá musicalmente. Muchas niñitas fueron enviadas a estudiar danza, y pocas resultaron Pavlovas, o siquiera bailarinas del coro. Es inútil imprimir si la materia que recibe la impresión de alguna manera no responde favorablemente.

En este punto tenía razón Platón. Él decía que antes de llegar a esta vida estuvimos, almas puras, sin cuerpo, en un mundo inteligible, es decir de puras ideas y de mero intelecto, y que al caer en este mundo, incorporándonos, es decir ingresando el alma en los cuerpos, ese saber se nos olvidó. Luego, en la vida, nos encontramos con conocimientos que, en realidad, no nos entran desde afuera hacia adentro sino que sólo sirven de apoyo para el recuerdo. Veo una manzana, estudio la manzana, y se me forma la idea "manzana" a raíz y en ocasión de esto que veo afuera y que despierta en mí el recuerdo (*anamnesis*) de la idea que tuve en mi vida anterior, como intelecto puro.

Digo pues que esta teoría tiene su grado de verdad, en el sentido de que nada de afuera puede ingresar adentro, en la mente, a menos que ésta esté de algún modo dispuesta o predispuesta a recibirlo. Por eso algunos chicos aprenden matemáticas y otros no. No porque sean menos inteligentes, sino porque no tienen condiciones genéticas para las matemáticas, y por más profesor que les pongan, y por más que los machaquen con conocimientos a lo sumo pasarán los exámenes raspando, y al día siguiente se olvidarán de todo.

LA CIRCUNSTANCIA GENÉTICA Y LAS OTRAS CIRCUNSTANCIAS

El sueño naturalista de Rousseau y de tantos más, aun en estos días que nos toca vivir, es imposible. No hay tal naturaleza, no para el hombre. El hombre es, precisamente, anti-natural. Por eso soy yo y mi circunstancia, como decía Ortega. No tenemos naturaleza, y ése fue el error de Rousseau, creer que la teníamos. Tenemos predisposiciones naturales, instintos naturales, genes naturales, pero no bien aparecemos en el mundo esos dones se cruzan con ocasiones educativas, influencias, envíos y desvíos, mandatos, formaciones, y se produce una extraña e imprevisible fusión de carácter, temperamento, hogar, cultura, azar, encuentros decisivos, incentivos, frustraciones...

Nace el niño, decían los talmudistas, y es como una nave que zarpa al inmenso océano, y nadie sabe con qué se encontrará ni a qué ribera arribará.

Tus hijos son potenciales. Esto lo aprendemos de Aristóteles. Él distinguía entre potencia y acto. Potencia es lo que puede ser, acto es lo que está siendo. Lo que está siendo, está siendo porque puede ser. Ejemplo: la papa se cocina en agua porque en la papa está la potencia de ser cocida en agua y ablandarse. Si no se da esa condición interna de la papa, esa potencia, ese poder ser, ésta no podría jamás ser cocinada. La piedra, en cambio, no tiene esa misma potencia de la papa, y por más que se la cocine no se ablanda.

Así tus hijos. Son un hato de potencias. ¿Cómo se sabe qué son en potencia, qué potencialidades guardan? Dando ocasión a que se re-velen. Como las fotos. Hasta que no se revelan, no se sabe qué hay en ellas. ¿Y cómo habrán de revelarse? Procurándoles un medio ambiente propicio para el desarrollo de distintas potencias: matemáticas, musicales, literarias, de trabajo, de actividad física, de artes, de oficios, de todo lo que pudiera uno ofrecerles para que descubran qué tienen adentro, qué se les despierta y qué no.

EL SALVAJE NO EXISTE

Volvemos a nuestro trema: ¿Existe el hombre natural, el "buen salvaje" que decía Rousseau?

No, no existe. Ser es ser en el mundo. Nacer es nacer entre otros. Esos otros, en cualquier situación cultura o época, tienen lengua, hábitos, maneras, modos, creencias... No bien nacen tus hijos inmediatamente son envueltos en pañales de tela y en otros pañales, invisibles, de la cultura. No tienen un segundo para ser naturales. En seguida se des-naturalizan y se culturalizan.

Rousseau no podía saber todo esto, que recién comenzó a desarrollarse en las ciencias antropológicas y etnográficas un siglo después de su muerte.

Rousseau acuñó su ideal en la figura del "buen salvaje". Salvaje para la civilización común, Emilio crecería bueno si lo educáramos en concordancia con la naturaleza y sus instintos y sus necesidades. Fue una ilusión. Gente buena hay; gente salvaje no hay.

El científico Bronislaw Malinowski, en su obra *Crimen y costumbre en la sociedad salvaje,* mediante el estudio de diversas sociedades llamadas primitivas (las no colonizadas por nuestra ciencia y técnica, y nuestro individualismo), muestra que se creía que salvaje era el que hacía lo que quería, pero resulta que esas sociedades, consideradas inferiores, son en verdad *comunidades*, y se distinguen de las nuestras precisamente por su alto grado de adhesión a rituales, costumbres, modos de ser normativos que constituyen el vínculo de la vida comunitaria, la moral.

Sidney Hartland, en *Primitive Law*, a quien cita Malinowski, escribe: "El salvaje está muy lejos de ser la criatura libre y despreocupada que nos pinta la imaginación de Rousseau. Por el contrario se halla cercada por las costumbres de su pueblo, encadenado por tradiciones inmemoriales, no sólo en sus relaciones sociales, sino también en su religión, su medicina, su industria, su arte; en pocas palabras, en cada aspecto de su vida". Ese salvaje —así denominado por nosotros por todo lo que no sabe— *es* civilizado.

Inclusive cuando Sarmiento opuso civilización a barbarie se refería a la cultura de Occidente, de Europa, de Estados Unidos frente a la in-cultura indígena. Tampoco Sarmiento sabía demasiado de antropología, y Malinowsky, Margaret Mead, Lévi-Strauss y tantos otros nacieron mucho después que él.

TAMBIÉN LA BARBARIE ES CIVILIZACIÓN

El tema a discutir, pues, es a qué llamaremos barbarie y a qué civilización.

Civis es el ciudadano, el que vive con otros en la ciudad (*civitas*), en la aldea o en el campo. Su ser es co-ser, ser-con. Su razón de ser es la ética, la moral, las costumbres compartidas. Eso le permite defenderse de ser muerto y de ser asesino.

Hay en la civilización elementos de crecimiento y otros de decadencia. Eso es lo que tenemos que distinguir, queridos padres, en la formación de nuestros hijos. Si les transmitimos cáscara —cómo vestirse, cómo acicalarse, cómo sonreír en público...— como fines primordiales de la existencia, o si les transmitimos grano, modelos de vida noble, bella, sensitiva y fruidora. Si los hacemos autómatas de los demás, o los criamos hacia la autonomía y el pensamiento crítico. Si serán solamente masa, o serán también personas individuales que buscan el bien en sí mismas y no en los dictámenes de la moda. Ése es el tema y ése el problema.

Léanse estas consideraciones acerca de la civilización por parte de Ortega y Gasset: "¡Trámites, normas, cortesía, usos intermediarios, justicia, razón! ¿Quién vino a inventar todo esto, a crear tanta complicación? Se trata con todo ello de hacer posible la ciudad, la comunidad, la convivencia... Civilización es, antes que nada, voluntad de convivencia".

En esa voluntad de convivencia, el "yo soy como soy" debe encuadrarse en el "nosotros somos así y queremos vivir así y no de otra forma"; como consecuencia, es imprescindible adaptarse a la convención social. Eso significa ser civilizado. Es decir ciudadano, hombre que comparte su ciudad, su territorio, con otra gente.

Las naciones más avanzadas, extrañamente muy rebeldes y revolucionarias en algunos aspectos, conservan sin embargo el orden de las costumbres, del respeto por el otro, ese fundamento de la civilización que consiste en no ser como se quiere sino como se debe ser.

LA ÉTICA DE LOS ANIMALES

Suena algo degradante pensar que los animales sean superiores a nosotros, pero lo son. Por lo menos en ciertos aspectos en que opera en ellos la naturaleza, es decir, cuando el instinto regula las relaciones. Como tantas otras bondades, el ser humano ha perdido la voluntad de grupo.

Konrad Lorenz, estudioso de las conductas, ha descubierto que en los animales existen eficaces mecanismos innatos de autorregulación o inhibición, a la hora del ataque y la defensa, entre individuos de la misma grey o manada.

Tomemos uno de los ejemplos que brinda Lorenz. Cuando dos lobos se enfrentan agresivamente, el más débil muestra al más fuerte su cuello, símbolo de sometimiento, pero en el otro se desconecta biológicamente la tendencia natural a morderlo. De otro modo, la manada se autoexterminaría.

Al respecto, comenta el sociólogo Norbert Elias: "Entre los seres humanos no existen tales mecanismos innatos de autorregulación. Venimos al mundo con instintos salvajes y no limitados. Si nos hiciéramos adultos en el estado de unos niños gritones, no habría sociedad, no habría seres humanos. Debemos habituarnos a los modelos de limitación de los instintos, al control de los instintos".

Limitación de los instintos, control, contención, canalización de las energías destructivas hacia empresas orientadas a la solidaridad. Eso es la ética, un campo de batalla perpetuo. Por tanto no podemos decir de alguien que *es* una persona ética. Todo lo que podemos asegurar es que hasta ahora, en todas sus batallas personales entre el bien y el mal, ha ganado el bien.

"Vivir no es solamente respirar, es actuar. Es hacer uso de nuestros órganos, de nuestros sentidos, de nuestras facultades, de todos los poderes que nos atestiguan nuestra propia existencia", dice Elías.

Lo cierto es que esa revolución aún hoy sigue siendo de última hora, y una exigencia pendiente. El hombre es todo el hombre que el hombre es. Cultivarlo en un solo sector es mutilarlo. Sería lo que Marcuse llamó el hombre unidireccional. Cuerpo y alma, matemáticas y sentimientos, naturaleza y sentidos. Éste sería el ideal del crecimiento.

LA CONCIENCIA DE LA MUERTE

En cierto momento dice Rousseau acerca de los hijos: "Que no mueran sin haber gustado para nada de la vida". Estremece, porque en la modernidad está prohibido hablar de la muerte y mucho menos con los hijos, porque podrían traumatizarse, y no hay nada más horrible y temible para el hombre actual que un trauma.

Por eso no deja de ser memorable la pieza de Ionesco *El rey se muere*, de 1962. En ella uno de los personajes, Margarita, dice sobre el rey que se niega a morir:

"Cree que su ser es todo el ser. Hay que quitarle eso de la cabeza".

Buena frase, no para concluir una vida, sino para iniciarla, para un nuevo tratado pedagógico. La conciencia de la muerte como eje elemental de la conciencia de la vida, sin que ello implique depresión. Al contrario, nuestros tiempos actuales son tiempos en los que la depresión se ha vuelto la gran enfermedad universal. Es el gran pozo, enorme, insondable, en el que se cae de repente por una frustración, porque la vida que nos prometieron de risa perpetua no se da, porque el espejo de la eventual muerte aparece, fantasmal, aterrador, y uno no estaba preparado.

La frase de Rousseau que citaré a continuación ha de sonarles tétrica a los lectores actuales, pero hay que educarse y sin miedo mágico al sonido de ciertas letras. Dice así:

"Vosotros los padres ¿sabéis cuándo la muerte espera a vuestros hijos? No os llenéis de remordimientos hurtándoles los breves momentos que la naturaleza les ha dado. En cuanto sean capaces de apreciar las delicias de la existencia dejad que gocen de ella".

Para apreciar hay que aprender a apreciar

Y Rousseau dijo bien. Pero apreciad, queridos lectores, lo que dijo también, midiendo las palabras y refiriéndose a los jóvenes: "En cuanto sean capaces de apreciar las delicias de la existencia..."

Se infiere que primero han de aprender a distinguir, a disfrutar, a diferenciar entre valores, entre lo momentáneo y lo trascendente, y entonces serán capaces de apreciar. Es todo un trabajo.

No es un elogio a la espontaneidad, como muchos interpretaron y, en consecuencia, luego mal-educaron a hijos y alumnos. Es un llamado al cultivo de la sensibilidad, un llamado al esfuerzo previo.

Primero el esfuerzo, y a partir de ahí brotarán las delicias que ya se sabe apreciar. Entonces es *el tiempo de la libertad y de la consecuente responsabilidad.* Sólo entonces.

El peligro: la opinión disfrazada de verdad

El ideario pedagógico de Rousseau, que bien podría servirnos de guía en estos tiempos de perplejidad y desorientación, sostiene:

"El alma de mi sistema es no enseñar al niño muchas cosas, y permitir que sólo ideas claras y correctas entren en su mente. No me importa que no sepa nada, con tal que no esté equivocado".

¿Y cómo puede lograrse este efecto, de criar hijos no-equivocados? ¿Cómo puede controlarse que únicamente las ideas claras y distintas, como pretendía Descartes, pueblen sus almas y no las confusiones y los errores?

Es muy sencillo: "Para protegerlo de los errores que podría aprender, yo pueblo su mente sólo con verdades". Verdades y no repetición de opiniones —para actualizar a Rousseau— de lo que dijo el Opinante de la radio, repetido por su colega de la tele, comentado por su émulo del diario, condimentado por la gente de la calle. La opinión, que se hace verdad, y la santidad de esa opinión, con el mito ese de que la expresión es libre, confundiendo libre con verdadera. La opinión que se disfraza de verdad se torna dogmática, y es el mayor enemigo de la verdad verdadera.

Y lo peor es que somos propensos a dejarnos llevar por ese universo de opiniones, porque son fácilmente digeribles, porque no necesitan mostración ni demostración, vale con que se digan y repitan cien veces. En cambio la razón, el entendimiento, eso que conduce a la verdad es todo un trabajo, y cuesta absorberlo.

Dice Rousseau: "La razón y el discernimiento penetran lentamente; los prejuicios se precipitan en masa, y hay que defenderlos de estos últimos".

¡Qué trabajo es llegar a ser natural y auténtico, qué trabajo!

IGUALDAD SUELE TRADUCIRSE POR NIVELACIÓN

El exceso de individualismo es el factor desencadenante de la sociedad de masas.

Ser individuo, sin conexiones primordiales, sin reglas de vida ni fines compartidos con otro, fatiga, angustia. Cuanto más individuo se es, tanto más se quiere uno diluir en la masa, en la de la gente o en cualquier otra.

¿Qué es una masa? Es un grupo humano conducido por un líder visible, o por manipuladores invisibles, que ordenan la conducta que debe ser para todos igual: vestirse igual, ir adonde todos van, entrar donde todos entran, opinar lo mismo, gritar lo mismo, estar a favor de lo mismo, luchar contra lo mismo, aunque el "a favor" y el "en contra" sean sumamente éticos.

En la masa no se piensa, uno se deja llevar, arrastrar. Por eso cautiva, por eso es cómoda: dispensa de pensar. También dispensa de la responsabilidad. Uno ve la película que todos ven, y repite el comentario que todos hacen, y si hay que disfrutar dice que disfruta, y si hay que apenarse dice que se apena.

"Vivimos en sazón de nivelaciones: se nivelan las fortunas, se nivela la cultura entre las distintas clases sociales, se nivelan los sexos..." (Ortega y Gasset, *La rebelión de las masas.*)

TIEMPO DE ÍDOLOS, NO DE MODELOS

Lo mismo hace que todo sea lo mismo y que todos sean lo mismo. En la masa todos se borran, pierden su imagen, porque todos somos iguales, dice la masificación, y eso que se ve como diferencia es un mero accidente, pero somos iguales; en consecuencia, el que quiere puede echarse a dormir la siesta.

No hay superioridad, no hay jerarquía, no hay modelos. En la masa sólo hay ídolos. Son entes superiores, accidentalmente, igual que yo pero por alguna rara fortuna momentáneamente superiores a mí. Ellos pueden ser idolatrados, porque como la palabra lo indica el ídolo es un falso dios, un dios pasajero, de hoy para mañana; por algunos ratos, por unas horas, podemos rendirle pleitesía, pero también sabemos que todo este show es pasajero, y que ese ídolo caerá, y el polvo lo cubrirá, y nosotros seguiremos caminando, levantando y hundiendo ídolos a nuestro paso.

Existe tan sólo lo que se dictamina desde algún parlante gigantesco, desde la insistencia de los medios masivos de desinformación y de implantación de reflejos condicionados.

CAPÍTULO X

CÓMO SER UN CASO
Y NO UNA COSA

HABÍA UNA VEZ UNA CUEVA

Hay una cueva y en ella habitan multitudes de personas. Ahí nacen y ahí se desarrollan. Están como encadenadas de tal manera que solamente pueden ver los objetos que tienen delante de sus ojos. Detrás de ellos, a distancia, hay un fuego, una fuente de luz, que ilumina la cueva y lanza sobre las paredes sombras, figuras, imágenes.

Entre la fuente de luz y los hombres hay cosas, objetos. La luz proyecta delante de todos las sombras de esas cosas, de esos objetos. Como no pueden darse vuelta, no saben que esos objetos o cosas existen. Todo lo que ven son las sombras, y al no saber que hay cosas entienden que las sombras son las únicas cosas existentes, la única realidad. Así viven, así mueren, engañados en esa visión. Tampoco saben que son esclavos, porque desde que nacen están como están.

Pero una vez un hombre logró liberarse de las cadenas. Salió por una puerta que encontró a la luz del sol. Esa luz lo enegueció. Quiso volver urgentemente a la cueva, a protegerse de esa luz. Cerró los ojos, y volvió a abrirlos lentamente, y se fue acomodando a mirar con esa luz radiante, la del sol. Ahí fue cuando vio las cosas reales y tomó conciencia de que había vivido hasta entonces entre sombras, irrealidades.

Entonces volvió a la caverna y les contó a todos lo que pasaba, que eran esclavos, que estaban encadenados, que veían sombras en lugar de cosas y que vivían engañados. Lo rechazaron, con asco y odio:

—¡Vete, mentiroso! —le dijeron unos.

—Estamos cómodos como estamos —le dijeron otros—. El que miente eres tú.

—Eso que dices que son sombras, son la verdad, y nos gusta tal cual es, y no vengas a molestarnos con tus engaños y tus falsas historias.

La mayoría permaneció ahí donde estaba y no quiso moverse. Algunos, pocos, fueron detrás de aquel hombre que había visto el sol, la realidad, pero eran muy pocos.

El resto sigue ahí, en la cueva, calentitos, cómodos, confortables. Viven entre sombras, y a lo mejor lo saben. Pero lo que seguramente saben es que prefieren ese confort, no tener que hacer esfuerzos, y que desde atrás alguna fuerza oscura les dicte qué tienen que pensar, qué tienen que decir y qué tienen que ver.

CAMINOS DE EVASIÓN

La cueva simboliza renegar de la libertad y huir hacia un útero, oscuro, que te contenga, que te fetalice y te dispense de pensar. Pensar fatiga. Ser libre es hacerse responsable de lo que uno hizo, y de lo que brotó del hacer de uno aun cuando uno no hubiera deseado que eso sucediera. Fatiga mucho. Entonces se huye a la cueva. La de los bailes, o la playa, o los viajes al exterior, o la de los aparatos, o la de "vamos a pasear al hipermercado para que nos digan cómo y con qué tenemos que vivir".

La cueva es calentita y segura. El dios Todos te cobija, te protege y te procura un sueño sin zozobras. Los chicos y los grandes. Hay cuevas para todos los gustos. El término "cultura" es ambiguo, como todas las creaciones humanas. Es aquello que te cultiva, y dentro de cuyo contexto uno puede cultivarse, y también alude a una opción de fuga, de refugio y tranquilidad en el reino de la repetición, donde nadie debe pensar y les basta con repetir lo que dijo Aristóteles, o que la *Novena* de Beethoven es el punto culminante del genio humano, o fíjate ese Dalí qué maravilloso...

Hay una cultura, la abierta, la del uno mismo, la del crecimiento, que es rampa de lanzamiento para la aventura personal y creadora.

Hay una cultura de la cueva, del que vive acurrucado, tipo feto, y se le inyecta en la boca todo el alimento que necesita. Usted elige.

LAS DOS CULTURAS: LA DE AFUERA Y LA DE ADENTRO

Sobre este tema, el de las alternativas culturales, discurrió el alemán Georg Simmel (1858-1918), un pensador moderno, un estilista de la incertidumbre, en su libro *El individuo y la libertad*.

El término "cultura" deriva del reino vegetal. La imagen presupone una simiente que ha de germinar, crecer, dar tronco, ramas, hojas, flores, frutos. Cultivar es ayudar al ser en su camino hacia su total realización, o hacia las variadas posibilidades de realización que encierra.

Según Simmel, "sólo el hombre es el auténtico objeto de la cultura; pues él es el único ser que nos es conocido en el que reside de antemano la exigencia de una perfección".

No es en esta definición que deseo detenerme. Basta con acentuar el hecho de que el hombre productor de cultura es él mismo objeto de cultura, o debería serlo, en concordancia con sus simientes interiores o potencias propias. Hay, pues, dos orbes:

- la cultura objetiva;
- la cultura subjetiva.

Lo objetivo es exterior a mí, separado de mí, frente a mí. Subjetivo es lo mío, desde adentro, lo que lleva mi impronta, mi visión personal.

DISONANCIAS

La cultura objetiva es exterior al hombre. Es la incidencia de la mano o mente del hombre en las cosas, en la naturaleza.

La cultura subjetiva es el cultivo interior del hombre-en-sí.

Ahora bien, se supone que la cultura objetiva, el mundo cultural y culturalizado que me rodea, está al servicio de la última finalidad: el ser yo mismo, la cultura subjetiva.

Aquí aparece la hendidura que da lugar a las formas esquizoides de la existencia. Yo no soy en el mundo. El mundo está en mí.

Te penetra, te viola, te gesta, te conforma-informa-deforma-reforma. Te forma desde afuera. No te cultiva. La cultura subjetiva se anula, no es, no alcanza a ser. El mundo te invade y te coloniza por completo. Estrictamente pocos tienen cultura propia. "Las disonancias de la vida moderna... surgen en gran medida del hecho de que ciertamente las cosas se tornan más cultivadas, pero los hombres sólo en una medida mínima están en condiciones de alcanzar a partir de la perfección del objeto una perfección de la vida subjetiva."

El instrumento de la cultura-sociedad es la educación. La educación enseña qué es el mundo, qué hacer con el mundo. La educación no sabe qué debe uno hacer consigo mismo. Por eso no lo enseña. Mejor dicho: la cultura que la educación representa desconoce al sí mismo, la unicidad e inefabilidad del ser individuo-persona.

Nos manejamos bien con las cosas. Y sabemos ser cosas.

Nos falta aprender a ser humanos. Aunque no sepamos con precisión en qué consiste, y aunque neguemos de antemano cualquier definición-certeza-dogma al respecto, de todos modos proponemos entenderlo como el no-ser-cosa.

En ello reside la libertad. En liberarse de la trama cosística: objetos-cosas, ideas-cosas, principios-cosas, personas-cosas. La cosa es todo lo que es y no más. Es inerte. Es muerte. Es absoluta. Es in-dudable. En todas sus manifestaciones.

Y mantiene un régimen lógico muy elemental, aprobado por la física y por la filosofía escolástica: donde hay una cosa no puede haber otra. Consecuentemente, el yo excluye el tú. Un nosotros excluye a otro nosotros.

¡POBRES LOS QUE TIENEN!

Una idea lucha contra otra idea. Se tienen cosas, se tienen amigos, se tiene personalidad.

Es interesante observar que ni el griego ni el hebreo, los idiomas básicos de nuestro origen, cuentan con el verbo tener. "Yo tengo" se dice "hay para mí". La tenencia era una situación, una relación. En el mundo griego, por la fluidez irreprimible del ser. En el mundo hebraico, por la nomadización esencial del ser.

La lucha fratricida, encarnada por los dos hermanos gemelos, Caín y Abel, claramente lo dice la Biblia, es el enfrentamiento entre dos *modi vivendi*. Caín —dice el *Génesis*— es "adquirir". Abel en hebreo se llama Hevel y equivale a "viento, soplo, aire".

Ganó, según sabemos, la cosa. Venció Caín, "el que vive adquiriendo". E inmediatamente nació la civilización, como cuenta el Libro: herreros, hacedores de cosas, la cultura objetiva.

—Uno de los dos sobra —le habría dicho Caín a Abel, entre tantos silencios.

Por ese motivo se escribió la Biblia. Se quería restaurar algo de la imagen prototípica de un hombre abelino, con algo de viento y soplo pasajero, salpicadura de nubes y formas cambiantes entre las cosas.

El proyecto falló. En última instancia ni heredamos a Grecia ni a Judea. Somos descendientes directos y dilectos de Roma: La Ciudad. El Estado. *Res* pública. No hay *res* privada. O al menos no sabemos qué hacer con ella. No hay cultura subjetiva, el sueño de Nietzsche.

La Atenas que eliminó a Sócrates se perpetúa en Roma: El Estado.

A través de la objetivación se salva el sujeto. La tragedia de la cultura, y del cultor, consiste en que ese primer movimiento de liberación por el cual se constituye el sujeto frente al objeto para apreciarlo, culmina más tarde en un sujeto que está sujeto al objeto y por tanto absorbido dentro de él, eliminando de esa manera el primer espacio de verdad del ser frente al ser.

Un pobre es desdichado porque lo que tiene ha de invertirlo en el ser. Un rico es feliz en cuanto tiene para tener. Ése es el supremo ideal de la cultura contemporánea: tener para tener.

La angustia estalla cuando las tenencias desaparecen. La muerte de un ser querido es una pérdida de cosa, una traición, una falla, una culpa. Del que se fue, por cierto. Eso que da tanta seguridad, la tenencia, es absolutamente inseguro. La angustia es el caldo de cultivo de la cultura.

UN POCO DE OPTIMISMO

"Ninguna política cultural puede suprimir esta trágica discrepancia entre la cultura objetiva aumentable ilimitadamente y la cultura subjetiva, acrecentable sólo muy lentamente; pero puede trabajar en su disminución en la medida en que hace capaces a los individuos de convertir los contenidos de la cultura objetiva que experimentamos, mejor y más rápidamente que hasta el momento, en material de la cultura subjetiva, la cual, finalmente, porta por sí sola el valor definitivo de aquélla."

Éstas son las conclusiones de Simmel. No todo ha de ser crítica y apocalipsis. Las cosas pueden ser buenas. La televisión puede ser un instrumento magnífico de instrucción. La cultura objetiva puede estar a tu servicio. Ella te usa. Procura tú tomar conciencia de tu situación. Es el primer paso para aprender a pensar, a liberarse.

Úsala tú.

Ella quiere controlarte.

Aprende a controlar su control.

"Convertir los contenidos de la cultura objetiva en material de la cultura subjetiva", sugiere Simmel. Es todo un programa de educación. Y muy factible.

Entrenamiento, entrenamiento. *Ellos* tienden a esclavizarme. Yo tiendo a liberarme. *Ellos* quieren que compre la colec-

214

ción completa de libros o música o pinturas que ellos editan. Yo elijo lo que más me gusta, lo compro, y desecho al resto.

La remanida imagen de la abeja que toma elementos exteriores y los torna en miel interior, sigue teniendo vigencia didáctica. Yo puedo elegir las flores. Puedo armar mi propia antología. La cultura no es mi enemiga si aprendo a pensarla, a elegirla, a convertirla. Ni la tecnología ni la sociedad de consumo son fatalidades sin escapatoria. Si aprendo a construirme ventanas, puertas de salida, la tecnología y la sociedad de consumo pueden mejorar mi vida y ayudarme a crecer, yo, en mí, nosotros, yo y tú.

Para *ellos* todo es buen negocio: Pato Donald, Dalí, Eco, Pornografía, Colección de Filósofos, Stones, Ravi Shankar.

Yo elijo.

Hoy vivimos una situación sumamente dialéctica, agónica. Es difícil ser subjetivamente cultivado ante la enorme presión de la enorme cultura objetiva. Es fácil ser subjetivamente cultivado por la multitud de elementos que la cultura objetiva pone a mi disposición.

Sólo la cultura puede liberarme de la cultura. "Hasta aquí la mayor parte de los hombres han aceptado la cultura de su tiempo como un destino, del mismo modo que el clima o la lengua de su país; pero el acentuado conocimiento de los modos exactos de muchas culturas constituye una liberación de ellas en lo que tienen de prisiones." La afirmación es de McLuhan. (*La galaxia Gutenberg.*)

¡OH TIEMPOS, OH PREGUNTAS!

Antes no supe qué responderle a mi hijo cuando anunció que abandonaba sus estudios universitarios. Hoy le diría:

—Hijo mío: saber, disponer de cultura, es el único medio que tenemos para ser libres, para conocer nuestras fronteras, nuestras prisiones; en consecuencia uno podría vivir mejor, menos resentido, menos angustiado, menos enajenado, y en consecuencia con mayor fruición en calidad de vida.

Ahora que ya tengo la respuesta, no tengo quién me plantee la pregunta.

Mi sobrino menor lee a Asimov, abstrusos cuentos de ciencia ficción, historietas con motivos bergmannianos, desconoce la existencia de los zapatos, y en la secundaria escribe composiciones sin sujeto ni predicado, y me habla de funciones matemáticas en computación como quien comenta la humedad del medio ambiente.

Pero en la escuela siguen hablando de la bandera, del nacimiento y de la muerte de los ríos, de la batalla de San Lorenzo, de los Borbones y de los Tudor, de la célula y de la germinación de los porotos.

Mi sobrino de quince años, al volver de las últimas vacaciones, me confesó seriamente sus incertidumbres, su angustia porque pronto habrá que volver a la escuela y "tantas cosas que no voy a poder hacer".

La cultura contextual es hoy poderosa. Me refiero, claro está, a la totalidad de los "medios": televisión, calle, publicidad, comunicaciones, radio. Atmósfera. Aire que se respira. Globalización se llama a este gran globo que nos involucra a todos, nos lleva a cualquier parte, según reglas autorreguladas por un mercado autorregulado, y el que no es feliz es castigado y le cuelgan un cartel que dice: PERDEDOR.

TRADICIÓN MODERNA

La modernidad surge como el intento de despojarse de toda tradición. La tradición, cualquiera que fuere y en cualquier campo humano, es autoridad, es algo que nos viene de siglos anteriores y de generaciones pasadas. Un legado, que termina siendo un mandato.

Descartes pronunció: "Pienso, por lo tanto existo", y dio por tierra con millones de libros tradicionales. Pienso es YO. Yo soy la fuente de toda verdad. Puedo *creer* en Dios, pero en lo que toca a la verdad no hay creencia que valga, salvo mi propio pensamiento que es, en su raíz, en el poder racional, lo que me comunica con toda la humanidad. Eso significa ser moderno.

El mexicano Octavio Paz, ensayista y poeta de fuste, escribía: "Podemos hablar de la tradición moderna sin que nos parezca incurrir en contradicción porque la era moderna ha limado, hasta desvanecerlo casi del todo, el antagonismo entre lo antiguo y lo actual, lo nuevo y lo tradicional. La aceleración del tiempo no sólo vuelve ociosas las distinciones entre lo que ya pasó y lo que está pasando sino que anula las diferencias entre vejez y juventud.

Nuestra época ha exaltado a la juventud y a sus valores con tal frenesí que ha hecho de ésta un culto, ya que no una religión, una superstición; sin embargo nunca se había envejecido tanto y tan pronto como ahora. Nuestras colecciones de arte, nuestras antologías de poesía y nuestras bibliotecas están llenas de estilos, movimientos, cuadros, esculturas, novelas y poemas prematuramente envejecidos."

TRADICIÓN POSMODERNA

La posmodernidad significa: no hay tradición, tampoco hay razón, sino que hay de todo y no tiene sentido oponerse a algo ya que todo lo que hay tiene derecho a existir, puesto que nada puede arrancarse del mundo de la creencia y del prejuicio. *Ergo* existo. Eso es todo. Y el cuento que cuento de esa existencia.

Todo empezó con Descartes. Luego volvió a empezar con Rousseau. Hoy empieza con Foucault, mientras se apela a Nietzsche ardorosamente.

Lo que tiene Nietzsche de genial, como lo pedía Kant, es que el no ser es pronunciado por él en forma tan bella, tan estética, que nos cautiva.

SOY MI MAYOR MISTERIO

Era yo jovencito y la frase de Sócrates *gnothi sauton*, "conócete a ti mismo", me sonaba elemental. El joven suele tener la natural soberbia de conocerlo todo, de entender al vuelo y

217

de captar el sonido del aire durante el vuelo. Se crece hacia el des-conocimiento. En la medida en que tomas conciencia de lo i-gnoto, es que estás progresando en el conocimiento.

Hoy bien sé que la propuesta de Sócrates, tan fácil en apariencia, es prácticamente imposible. Conocer es un verbo referido a cosas o a entes ideales, lógicos, como ser los números y sus interrelaciones. Las personas no son ni lo uno ni lo otro. Conocerse es tarea para toda una vida, y Bertrand Russell sugiere que la abandonemos de entrada, porque esa aspiración, como el infierno de Dante, invita a abandonar toda esperanza.

No pretendas lo imposible. Eso lo aprendí de Píndaro, en una cita de Camus. Pero más lo aprendí de la vida misma. Hay que buscarse, eso sí, conocer las limitaciones dentro de las cuales uno está inserto. Eso que Ortega llama "la circunstancia". Tus prisiones, tus envoltorios, tus frases hechas, tus creencias envasadas. Para alcanzar algún grado de libertad.

Y lejos de sentirme hoy decepcionado porque esa tarea ideal, conocer-se, choca con lo imposible, me alegra profundamente ser un extraño para mí mismo. Soy mi mayor misterio.

La inferencia es inmediata: ¿Después de esta confesión, como pretendes tú que yo te conozca? No, no te ofusques, querida mía. Eso lo aprendí de muchos, pero sobre todo de Spinoza, que decía que no hay que reír ni hay que llorar ni se debe detestar, sino tan sólo comprender. Se refería a las grandes leyes del universo.

Pero las leyes que rigen el universo de tu persona, querida mía, son tan mudables como el agua de Heráclito. Y como tales las aprecio. Como se aprecia el arco iris, tal cual es, o tal cual no es. En estos extremos ambas frases son válidas. El éxtasis se regocija, "toda ciencia trascendiendo", al decir del místico español.

ELOGIO DEL DES-EQUILIBRIO

Sería el des-equilibrio que se produce cuando uno se des-viste de los hábitos (*ethos* del carácter, *ethos* de las costumbres) habituales.

Sin embargo, en teoría de la comunicación se evidencia que sólo el des-equilibrio es el que produce movimiento creativo, comunicación, enriquecimiento, esto es aprendizaje, es decir libertad de alter-nativa, de ir-se hacia lo otro que no soy yo.

¿Qué es lo que nos proponen los místicos?, pregunta Cioran. "Las virtudes del desequilibrio." (*Adiós a la filosofía*.)

En ese des-equilibrio puede tener lugar el éxtasis del aprendizaje gracias a la ruptura del conocimiento habitual que nos habita. No aludimos a la droga ni al alcohol, ni a una gimnasia oriental ni a praxis mágica. Simplemente salirse de sí: éxtasis, que es propiamente la ex-sistencia en su delirio de completud. Sólo un ejercicio hay que practicar, y muy despierto, sumamente racional y con el yo vigil: dejarse en suspenso y aguzar la sensibilidad.

"El éxtasis —comenta Cioran— (...) es patrimonio sólo de aquellos que, aventurándose fuera de sí mismos, sustituyen a la ilusión vulgar que fundaba su vida por otra..."

Sustituir una ilusión vulgar vulgarizada por el tiempo, gastada por la rutina por otra, fresca, virginal, absorbente. Ese sería para Cioran el modelo del místico religioso.

Yo hablo del místico callejero, el que transita por la vida poéticamente. El desequilibrio ante el café con leche y medialunas. Levantarse una mañana y poner en duda ese desayuno. Otra mañana podría dejarse el diario de lado como si no fuera indispensable. Otra mañana sería factible, quizá, quién sabe, ir a la oficina pero tomando otras calles, otro rumbo, otra vía, con intención de observar el camino y de disfrutar del viaje. La religión se caracteriza por sostener la posibilidad de lo imposible.

Lo posible es el santuario de la razón, de la ciencia, de las verdades consagradas. Lo imposible es el sentimiento, la decisión, el sentido, Dios.

¡Viva lo imposible!

Un caso, no una cosa

Soy persona, soy un caso, no soy una cosa. Soy el ojo que ve cosas, pero que es alguien cuando es visto por personas. A las cosas las veo. Con las personas me entreveo; lo nuestro siempre es entre-vista. Necesito ser percibido, necesito ser alguien para poder ser yo.

"Una cosa es cosa cuando y si es una cualquiera; cosa es siempre una cualquiera, es decir: una de tantas y de tantísimas". (*Cosas y personas*, Juan David García Bacca.)

El cualquiera es parte de todos, indiferente, igualitario, homogéneo y uniforme. Las leyes llamadas de la naturaleza, de las cosas, practican la justicia absoluta: todos los elementos de una misma especie son iguales y portan las mismas leyes. Si tienen algo de desigual, no sirven, no valen.

"El cualquierismo, la mediocridad triunfante, crece con el número; y con él, dicho de otra manera, crece la cosificación." En cambio, explica García Bacca, la persona es la negación del cualquiera y del número; es *esta persona*. Singular. Excepcional. Única.

Pero como no somos solamente personas, sino que, fundamental y estadísticamente, nos pasamos el tiempo siendo cosas cosificantes en relaciones cosificadas con otras cosas cosificantes, es el "cualquierismo" el que vence y esta persona rara vez es esta persona. Esto permite que García Bacca produzca esta elemental fórmula:

"El hombre es un compuesto de cualquierismo y de yo".

El yo emerge en la relación con el otro yo, dentro de un nosotros. Cuando tú y yo nos encontramos no estamos vacíos; venimos, cada uno con un mundo a cuestas, puntos de vista, doctrinas, ideas, verdades, opiniones. Compartimos la comunidad de las cosas, aquello ajeno a nosotros en calidad de humanos con intenciones, fines y ganas de inmortalidad, aquello que es cosa y de lo cual se ocupan las ciencias. Esas verdades, la de la relatividad y la de la aspirina y la de la electrónica, son perfectamente compartibles. No son tuyas ni mías ni de nosotros. Son de un orden internacional superior.

Son universales y por lo tanto, nada personales. Ahí no tenemos problemas, porque, en todo caso, si no nos pusiéramos de acuerdo consultaríamos a un experto, el que sabe más.

Por debajo de ese mundo de universales que podemos compartir, brotan los mundos socio-culturales que nos han enseñado cosas y que podríamos compartir parcialmente, más o menos, en cuanto compartiésemos esos mundos (política, religión, cosmovisión, oriente, occidente, norte, sur, ídolos, creencias, gustos…). Ambos niveles constituyen los basamentos en que hincamos nuestra presencia y que permiten nuestra comunicación.

En la ciencia, dice García Bacca, hablamos de universales. En la relación humana, hablamos con universales, los valores de nuestra respectiva cultura.

Hay un tercer nivel: el de la singularidad.

Después de todo comprobamos que tanto las leyes de la naturaleza como las normas de la cultura nos tratan como unos-de-tantos: cualquierismo.

El cualquierismo de la cultura viene más sofisticado y habla de libertad: cada uno es libre, aparentemente, de elegir. Es cierto. Usted elige, usted decide. Pero si elige lo que la cultura ha determinado como bueno y valioso, es usted bueno y valioso; si, en cambio, elige usted otra cosa es usted un arbitrario, un inculto, un maleducado, un *outsider* o, simplemente, un pobre tipo.

SÓCRATES EN LA CÁRCEL

Critón visita a Sócrates en la cárcel. Critón habla y dice a Sócrates que se salve, que huya de la cárcel porque si no, ¿qué pensará la mayoría?

"CRITÓN: Creerán que pudiendo yo salvarte lo he descuidado, porque la mayoría no creerá que tú mismo te negaste a salir de aquí, a pesar de nuestros ruegos.

SÓCRATES: ¿Y qué se nos da a nosotros, buen Critón, de esa opinión de la mayoría? Los más inteligentes, de quienes razonablemente más hemos de cuidarnos, creerán que estas cosas sucedieron tal como realmente hayan sucedido.

CRITÓN: Pero tú mejor que nadie sabes, Sócrates, que también hay que cuidarse de la opinión del vulgo.

SÓCRATES: Ojalá, Critón, fuera el vulgo capaz de hacer los males mayores para que también fuera capaz de los más grandes bienes. Eso sería magnífico. Pero en realidad ni de una ni de otra cosa es capaz."

El individuo es lo contrario de la mayoría.

El individuo es el no-vulgo.

El vulgo es oleaje al azar. No es que no haga bien ni haga mal. Ocurre que, para Sócrates, el bien y el mal están ligados a una voluntad, una inteligencia, un programa, una preferencia en el orbe de los valores. El vulgo hace, pero no sabe qué hace.

El individuo es el ser consciente. El extra-ordinario. El *aristos*, es decir el mejor. De ahí deriva el vocablo aristocracia, gobierno de los mejores o superiores.

Aristócrata era el conde de Keyserling. Un aristócrata-individuo está a favor de una vida íntima. Él decía que era el único demócrata verdadero. "Pues la verdadera democracia no es aquella que lo nivela todo en la tierra, sino la que permite a cada uno un desarrollo completo." (*La vida íntima.*)

Vida íntima de cada uno. Que todos tengan una vida íntima, un trozo de vida exclusivo: "¡Tengamos pues, todos el valor de ser y declararnos únicos. Tengamos el valor de poner todas nuestras energías disponibles al servicio de nuestra unicidad!"

Es una hermosa declaración poética y romántica. Un alto deseo. Claro que sólo una elite puede adherir a esa unicidad y exclusividad. La mayoría no alcanza esas alturas. Algunos por falta de recursos, otros por falta de voluntad, otros por falta de capacidad. Aunque la Constitución declarase que todo ser humano, es decir ciudadano, debe resolver binomios, la mayoría no lo lograría.

Estamos limitados. Ser consciente significa ser consciente de las limitaciones, las mías, las tuyas, las nuestras.

En su libro autobiográfico *Errata*, George Steiner revisa a vuelto de pájaro la historia de la humanidad y de los ideales culturales, para concluir:

"De manera harto evidente, el modelo pericleano-florentino, ¿ha llegado a hacerse realidad alguna vez? Puede parecerles a la inmensa mayoría de los ciudadanos 'nominales' absurdo, incluso ofensivo. Habla de y por una minoría, una 'aristocracia' peor que la hereditaria. Trata con condescendencia al común de la humanidad, y acaso al sentido común. El (triste) hecho es que el noventa y cinco por ciento o más de los seres humanos se las arregla más o menos a gusto o a disgusto, según el caso, sin el menor interés por las fugas de Bach, los juicios sintéticos a priori de Emmanuel Kant o el último teorema de Fermat (cuya reciente resolución es un rayo de luz en la penumbra de este siglo que concluye). Atrapada en la rueda de la supervivencia material cotidiana, en el cuidado y la educación de los niños, la comunidad humana considera estos asuntos, si es que llega a tener alguna conciencia de ellos, juegos más o menos ociosos, demostrablemente superfluos y a menudo irresponsables o demoníacos en sus consecuencias. De ahí los contraíconos del científico loco, del artista trastornado, del metafísico que se cae en el pozo. Sigue siendo un hecho irrefutable que la religión universal de la mayoría de los *homo sapiens-sapiens* no es otra que el fútbol. La música para bailar o el rock exaltan, emocionan, consuelan a cientos de millones de personas para quienes una sonata de Beethoven es sinónimo de aburrimiento."

¿Quién se atreve, en voz muy baja, a ser sincero?

Es tiempo de sincerarse. Así fue, así será. Así fue en Atenas, la tan aclamada Atenas de Pericles, y así efectivamente lo describía Platón en su *República*.

223

Popper y tantos otros entendieron que Platón era un derrotista, un esclavista, un totalitario.

Popper y tantos otros prefieren declarar "viva la democracia y la igualdad" e irse consecutivamente a dormir. O, como el luminoso Fukuyama en *El fin de la historia* (libro para tranquilizar a todos los que puedan dudar del liberalismo democrático y de sus consecuencias), reconocen las desigualdades, la pobreza, la desocupación y otros factores negativos que hay en el mundo actual. Pero el progreso tecnológico encandila. "Lo importante, sin embargo —afirma Fukuyama—, no es la frecuencia o duración de un hecho (se refiere al bienestar) sino la tendencia; en el mundo desarrollado, no prevemos ni la desaparición de los automóviles y las ciudades ni la reaparicion de la esclavitud."

Fukuyama ve la tendencia que no todos alcanzan a ver, él ve que esta historia es una línea directa al bien, con todo el mal que le toca pasar en el camino, una especie de hegelianismo.

Lo que se está dando es la revolución liberal. "Pues constituye una prueba de que hay un proceso fundamental que dicta una tendencia común a la evolución de *todas* las sociedades humanas, es decir, algo así como una historia universal de la humanidad en marcha hacia la democracia liberal. Es innegable la existencia de cimas y simas en este desarrollo. Pero citar el fracaso de la democracia liberal en cualquier país dado, o hasta en una región entera del mundo, como prueba de una debilidad general de la democracia, revela una asombrosa estrechez de miras. Los ciclos y las interrupciones no son, por sí mismos, incompatibles con una historia orientada o direccional universal, del mismo modo que la existencia de ciclos económicos no niega la posibilidad del crecimiento económico a largo plazo."

NOS ESTÁ YENDO DIVINO

Nos está yendo divino, salvo a miles de millones de personas que son apenas una excepción a la regla.

La realidad de la cultura humana, de los sueños humanos,

de los deseos humanos, no está en Dante ni en Milton ni en los afiches publicitarios a favor del sentimentalismo humano. Está simplemente en la realidad de la gente que anda por la calle, colgada de los transportes públicos o en BMW, ya que quieren lo mismo, y lo mismo es lo que los mancomuna como humanidad.

Esa realidad, en mi limitado conocimiento, la descubrí tanto en los textos bíblicos como en los de Homero.

TE CUENTO LO QUE LE PASÓ A PRÍAMO

Príamo, el anciano, viene al campamento de Ulises a rescatar el cadáver de su hijo Héctor. La escena es terrible. Aquiles le dice al viejo:

"Tu hijo, oh anciano, rescatado está, como pedías; yace en un lecho y al despuntar la aurora podrás verlo y llevártelo. Ahora pensemos en cenar, pues hasta Níobe, la de hermosas trenzas, se acordó de tomar alimento cuando en el palacio murieron sus doce vástagos: seis hijas y seis hijos florecientes...

Ea, divino anciano, cuidemos también nosotros de comer, y más tarde, cuando hayas transportado el hijo a Ilión, podrás hacer llanto sobre él, y será por ti muy llorado.

En diciendo esto, el veloz Aquiles se levantó y degolló una blanca oveja; sus compañeros la desollaron..."

Y Homero sigue dedicando al tema como diez versos, detalle por detalle, sobre cómo se distribuyó la comida, cómo se comió y disfrutó de todo eso.

El viejo, comido y bebido, entiende que ahora tiene que disfrutar de la vida y le dice:

"—Mándame ahora, sin tardanza a la cama, para que acostándonos, gocemos del dulce sueño. Mis ojos no se han cerrado desde que mi hijo murió a tus manos... Ahora he probado la comida y rociado con el negro vino la garganta."

La muerte de un hijo duele. La crueldad y la venganza atacan el alma y la llenan de veneno. Pero hay que comer. Ya que se come se puede también beber. Y finalmente lo mejor que le puede pasar a uno es dejarse ir en un dulce sueño. Ésta es la realidad. Se atropellan los acontecimientos, los sentimientos aprendidos en la literatura y el vino aprendido en la garganta. Esto es el hombre.

Cualquier idealización puede conducir a falsas democracias, bajo cuya delgada capa dulce, crecen tranquilas, inmutables, desconocidas por los portadores de la cultura y de la Imagen del Hombre, las flores del mal.

¿ESQUILO O BINGO? ELIJA USTED

Volviendo a las reflexiones autobiográficas de George Steiner: "Si tuvieran la posibilidad de elegir libremente, la pluralidad de mis semejantes preferiría una telenovela o un teleconcurso a Esquilo, el bingo al ajedrez. Y es precisamente esta libertad de elección, aun cuando las opciones estén previamente seleccionadas y envasadas por el predominio económico de los medios de comunicación de masas y los mercados de masas, la que resulta esencialmente acorde con los ideales y las instituciones de la democracia".

Nadie se moleste en enojarse, para no ver lo que está viendo, en considerar estas líneas como un ataque a la democracia. Ése es el recurso fascista que impide todo pensamiento crítico. Sí se dice, en cambio, que los ideales de alta cultura y los altos valores y la democracia hasta ahora no se han llevado bien.

Eso es lo que sabemos, a menos que queramos ser videntes como Fukuyama que sabe, por revelación mística, de dónde viene y adónde va la historia, y que andamos bien orientados.

Por otra parte, he aquí la gran pregunta de Steiner, y que todo el mundo que discurrió por las letras, por las cumbres del arte y otras variedades de sublimidad, puede plantearse:

¿Para qué sirve todo eso? ¿Y quién puede demostrar que todo eso es realmente bueno y trae buenos efectos y notables consecuencias para el bien de la humanidad?

Mi respuesta sólo atisba esta estrecha salida:

No es para el bien de la humanidad. Lo dijo Nietzsche: "Sólo podría oírme quien tuviera mis oídos".

Es, a lo sumo, para el bien personal, intransmisible, y para el placer de existir con algún sentido que nos libere de las delicias de la bienhechora comida, el negro vino y el dulce sueño de los naturales y reales héroes homéricos.

Y algo más, si se me permite. Eso de salvar a la humanidad, sea a través de la fe o de la ciencia, es un exceso y siempre ha conducido, no por culpa de los profetas pero sí por gracia de los sacerdotes profesionales, a diversas hecatombes.

Pero quizá toda la ética, en su más alto propósito, consista en salvar *a alguien*, o ayudar *a alguien*. A uno. Y después tal vez a otro.

Los talmudistas, que en este punto eran terriblemente terrenalistas, sostenían: El que salva a una persona, es como si salvara a toda la humanidad.

Por eso también se ordenó: Ama a tu prójimo. Con uno basta.

La historia ha sido hasta ahora hecha por maximalistas. Tal vez no haya más historia, en el sentido que Popper le da al término, es decir, una línea que conduce de un lado a otro lado. Es tiempo éste, pues, de minimalistas.

Uno mismo. Yo y tú. Ladrillito a ladrillito, y bien desde abajo. Si el cielo no esta aquí abajo y ahora, no está. Si Dios no está aquí y ahora, entre nosotros, tampoco está.

CAPÍTULO XI

EXISTO, POR LO TANTO PIENSO LO QUE SE ESTILA PENSAR

HISTORIA DE UN ERIZO

No hay que enojarse. Pensar, nada más que pensar. Hace bien. Porque cuando uno se enoja se hace mala sangre y la sangre le queda mala.

Más vale que les cuente este relato del argentino Marco Denevi que para mi gusto tiene particular valor en esta era tan estética, estética del cuerpo y de la apariencia y del qué dirán.

—¡Qué bien se te ve! —es el máximo halago que puede recibir hoy una persona. Por eso yo mismo, cuando puedo, uso jeans ajustados y rotosos. Pero vayamos mejor a la pieza literaria que les anuncié.

"El erizo era feo y lo sabía. Por eso vivía en sitios apartados, en matorrales sombríos, sin hablar con nadie, siempre solitario y taciturno, siempre triste, él que en realidad tenía un carácter alegre y gustaba de la compañía de los demás."

Una vez alguien lo encontró y se dedicó a embellecerlo, y le puso perlas encima, uvas de cristal, piedras preciosas, lentejuelas, y lo decoró todo, con diversos elementos, plumas, botones... Todos vinieron a mirarlo, a admirarlo, porque era un espectáculo muy hermoso.

"El erizo —cuenta Denevi— escuchaba las voces, las exclamaciones, los aplausos y lloraba de felicidad. Pero no se atrevía a moverse por temor de que se le desprendiera aquel ropaje miliunanochesco. Así permaneció durante todo el verano. Cuando llegaron los primeros fríos había muerto de hambre y de sed, pero seguía hermoso."

Querido lector, en tus manos encomiendo este relato. Los cuentos no tienen un significado. Cuentos son. Pero evocan significados, problemas, reflexiones. Conflictos, de esos que nunca se resuelven porque aparecen y reaparecen constantemente. Ésos, precisamente, exigen filosofar.

REFLEXIONES DE ALGUIEN QUE NO SABE QUÉ HACER PARA SER

El ser para los otros, y en los ojos de los demás, el parecer, es bien captado por Fernando Savater en *El diario de Job*. Allí el protagonista (un sufrido personaje bíblico, colmado de penas y dolores, que busca el sentido para los mismos, y le grita sus monólogos a Dios) despliega sus ideas:

"Soy una unidad que no sabe vivirse como uno; acepto y busco la soledad, pero alimentando sin cesar la cruel, la tierna expectación por los demás; desprecio a la multitud que me es insustituible, abomino del transcurso del tiempo en el que sin remedio confío, sigo pensando incurablemente como un *nosotros* aunque veo con suficiente claridad que todo el que dice *nosotros* miente y se miente. De vez en cuando tengo un acceso de lucidez y me doy cuenta de que los demás están, como su propio nombre indica, de más, de sobra; son superfluos. Son parásitos de mi realidad, la entorpecen. Me distraen de mi sufrimiento... ¡Vaya fracaso, estar leproso y seguir sociable! Vaya condena. Aunque sea esta ilusión lo único que me parece capaz de aliviar mi dolencia."

Y luego, cuando quiere salirse de ese mundo regido por los demás, Job se pregunta acerca de los hombres considerados privilegiados que se refocilan en bellas y grandes ideas, y llega a conclusiones como las de Steiner:

"Vivir, vivir... qué indecente afición popular. Las libertades públicas, los derechos del hombre, todo eso son lujos que conmueven de veras a muy pocos privilegiados. A la mayoría de la gente cuesta explicarle en qué consiste su libertad de expresión, porque apenas se expresa más que en privado, repitiendo allí también los dogmas de rutina... Diez días sin televisión trastornan más a la gente que diez años sin elecciones parlamentarias. Bajo cualquier régimen político los hombres tienen que realizar tareas que detestan, soñar con placeres imposibles, menospreciar a sus padres y ser menospreciados por sus hijos, aceptar más o menos dócilmente las afinidades a que su tribu les obliga, envejecer, morir..."

¡EL ÉXITO, EL ÉXITO!

¿Cómo lograr el éxito?

"El éxito puede ser logrado sólo mediante la imitación. Responde continuamente a todo lo que advierte en torno de sí rivalizando con los rasgos y comportamientos representados por todas estas entidades colectivas en que se ve enredado: su grupo de juegos, sus compañeros de clase, su equipo deportivo, que obligan a un conformismo más estricto, a un sometimiento más radical que los que hubiera podido exigir un padre o un maestro del siglo XIX." (Max Horkheimer, *Crítica de la razón instrumental.*)

Imitar. Por eso decimos y gritamos todo el día: creatividad. Que es imitar a los que dicen "creatividad", en forma de ritual mágico, de vudú estático. Creatividad de la imitación. La originalidad y la creatividad producen de golpe tres millones de pares de un calzado innovador y al día siguiente hay millones de personas ávidas por participar en el ritual de lo nuevo, revulsivo, creativo.

La democracia fomenta la libertad. No le teme a la libertad. ¿Y por qué ha de temerle? Dad libertad a los ciudadanos y veréis como todos hacen lo mismo. Lo mismo es la mismidad del modelo que desde Arriba se propone.

En *Metrópolis* (la película de Fritz Lang, ¿se acuerda?) la gente marcha como un ejército triste y aplastado a la fábrica. En la ciudad actual, bajo la democracia, abolida la esclavitud, la gente marcha automáticamente a la fábrica y una vez por año marcha automáticamente a las vacaciones y ahí —en la playa, en la montaña, en un tur— hace lo que todos hacen, igual que en la fábrica, igual que los sábados a la noche, igual que en la cama donde hay que imitar las buenas costumbres de las películas especializadas en el tema, las recetas de los sexólogos.

¿REALMENTE ES USTED UN INDIVIDUALISTA?

Lo más trágico de todo es que este juego suele ser tildado de individualista. Ese individualismo, es cierto, se parece al de las abejas que realizan cada una su propio vuelo, en pos de su propio polen, que finalmente se tornará a los ojos de las abejas en su propia miel.

Individuos-haciendo-todos-lo-mismo, regando cada cual su propio jardín, procurando cada uno el éxito a expensas del jardín del otro, bregando por ascender en la escala de los jardineros y floricultores. Todos-juntos-haciendo-todos-lo-mismo, a la misma hora, con idéntica técnica, repitiendo las mismas fórmulas.

¿Individualismo? Uniformidad. Uniformismo. "Los modelos del pensar y del actuar —escribe Max Horkheimer— que la gente recibe listos para su uso de las agencias de la cultura masiva actúan por sí mismos de tal modo que influyen sobre la cultura de masas como si fuesen las ideas de los hombres mismos."

EXISTO, POR LO TANTO PIENSO
LO QUE SE ESTILA PENSAR

El hombre cree que piensa. "Yo pienso", dice, y asume un aire de autenticidad aristotélica. ¿Individualismo o colectivismo?

Nadie elige. El medio electro-acústico-xeróxico fotoduplica ideas, modas, pensamientos, éticas y en un instante los imprime en todas las almas del pensamiento, en todas las almas del mundo. Como Gregorio Samsa, uno se despierta una mañana y se encuentra siendo lacaniano, o gestaltista, o liberal, o keynesiano, o de Boca, o de River. Lo mismo da. Una etiqueta, y a otra cosa.

Uno no alcanza a pensar. No hay tiempo. No porque estemos tan ocupados. No hay tiempo porque para pensar hay que detenerse, hay que frenar la marcha, y si uno frena la marcha pierde la competencia, y la pérdida del éxito es como la pérdida del honor. Si uno es conservador, la cultura de masas le inyecta diariamente la última moda en materia de conservadurismo. Si uno es de izquierda, la cultura de masas lo obliga a ver *Hair* o *The Wall* o a aprenderse de memoria la última canción de protesta que cantan cien millones de personas en todo el mundo a la misma hora.

Yo mismo estoy leyendo a Horkheimer; no sé si lo leo porque lo elegí y me gusta porque me gusta, o porque ante otros intelectuales es mi deber decir que leo a Horkheimer, y ya no sé qué me gusta por cuenta propia o por cuenta ajena. Tan alienado ando. Pero ya que lo leí es una pena que usted no lo conozca, porque si uno sufre, quiere que los demás también participen. Y por eso le comento Horkheimer, y usted coméntelo y va a quedar como un duque en sociedad.

Según Horkheimer estoy en crisis: "La crisis de la razón se manifiesta en la crisis del individuo como cuyo agente la razón se ha desarrollado".

El tema de esta época es la conservación del yo, cuando no existe ningún yo para ser conservado.

Yo existo. Pero yo no existe (y no me corrijan por favor, ni digan que hay un error. Yo no existe, repito, y hablo bien castellano).

In-dividuo significa el que no puede ser dividido. La unidad única, el ser en sí. Un tipo que obra solo, por sí. Un ente que vale todo lo que vale, pero vale sólo para sí. Un in-dependiente.

En términos de Sócrates procede a conciencia, a voluntad: hace lo que quiere, quiere lo que hace. Se autodetermina. Es autárquico, es decir, principio de sí mismo. Es autónomo, es decir, se rige a sí mismo. Es lo contrario de su contrario, el vulgo.

IDEAS DE DECORADO

No, las ideas no rigen la vida. La adornan, vienen antes o vienen después. De modo que todo ese reino de buenas intenciones, como se dijo antiguamente, tan sólo sirve para empedrar los caminos del infierno.

"Actúa bien, cuando puedas..."

Me parece genial la expresión. Y si no hay más alternativa que actuar mal, dice Musil, resignarse. Lo importante es la conciencia de los límites de error de tu obrar. Para eso se necesita modestia. No para ir por la calle agazapado gritando "No soy nadie, no se moleste en saludarme".

Para no ser estúpido habría que cerrar definitivamente la boca. Tarde o temprano estás pronunciando frases hechas y juicios hechos. Y eso es imposible. Estamos condenados a cierto grado de estupidez, de mente cerrada, y de discursos precocidos.

El tema es cómo reducir ese grado, con modestia. Abstenerse de saber tanto. Recuperar el *thaumazein*, que decían los griegos, la fuente del pensar que es el asombro.

Mi correctora leyó estas disquisiciones y luego me comentó: "¡Usted no tiene derecho a ser tan exigente!" Tal vez tenga razón, no sé. Mi modestia me impide saber...

EL CABALLERO Y ZOO

En la pieza *Vuelta a Matusalén*, de G. B. Shaw, se registra este diálogo entre dos máscaras de "mundos" distintos y distantes. Una pertenece al clásico mundo de las armaduras de palabras, concepciones, orden de ideas y concatenaciones de principios y fines. La otra es, diríamos hoy, posmoderna. Zoo, obviamente, alude a lo animal, espontáneo, contra-culturista, desprovisto de prejuicios de metarrelatos venerables.

"*El Caballero*: No tenía la intención de herir sus sentimientos. (Disculpándose con esfuerzo.) Le ruego que me perdone. (Se quita el sombrero y hace una inclinación de cabeza.)

Zoo: ¿Qué significa eso?

El Caballero: Retiro lo que dije.

Zoo: ¿Cómo puede retirar lo que ha dicho?

El Caballero: Sólo le digo lo que siento."

Zoo es un ser de un futuro utópico. No entiende ese juego de frases que constituye a la moralidad. Hacer algo y borrarlo luego con un código palabrero: "perdón", "retiro lo dicho", "lo siento". El medio son las palabras, las fórmulas hechas del Hombre. Aunque ha muerto las palabras lo sobreviven y salvarán su alma inmortal. ¿Quién puede resistirse a un discurso seductor? Ni Julieta, ni el pueblo antes de partir a la guerra santa, ni el filósofo cuyo hijo ha muerto en la guerra o en un accidente de motocicleta, ni el Presidente de la Nación. El más depresivo de los seres se enciende con chispas y neones divinos si lee el siguiente discurso:

"Por breve que sea nuestra vida, nosotros consideramos la civilización y la cultura, el arte y la ciencia, como una antorcha eternamente ardiente, que pasa de manos de una generación a la de la siguiente. Y cada generación la enciende con llama más viva, más orgullosa."

Somos inmortales. De una u otra manera. Breves pero eternos. Chispas pero llamas. Partículas pero indispensables para todo lo alto y bello. Antorcha. Esa que se enciende en los juegos olímpicos y que llena el pecho de tierna emoción en todos los habitantes —sin diferencias, sin distinciones— del planeta. ¡El Hombre! ¡El sentido de la vida!

"De ese modo cada vida, por breve que sea, contribuye con un ladrillo al vasto y creciente edificio, con una página al volumen sagrado, con un capítulo a la Biblia."

Crecer. Evolucionar. Ser alguien para algo, dentro de algo que se justifica por algo. Ser lector y coautor de la Biblia. Un ladrillo que hace al muro, a la torre, al puente. ¡El hombre! ¡La Grandeza!

"Puede que seamos insectos." Ahí la cabeza tiende a declinar. Es cierto, somos insectos. Cañas endebles. Pero cañas pensantes, al decir de Pascal. Y la caña que sabe que es caña, y el endeble que sabe que es endeble, y el mortal que sabe que va a morir, ése es hombre y es uno mismo en cuanto jamás olvida esas condiciones de su existencia y las aprovecha para ser mariposa y no gusano.

HOMBRES Y NO IMÁGENES

"Puede que seamos insectos, pero, como el insecto del coral, construimos islas que se convierten en continentes; como la abeja acumulamos alimentos para futuras comunidades. El individuo perece pero la raza es inmortal."

Así habla El Caballero en la citada obra de Shaw. La platea toda se pone de pie y aplaude. Eso somos nosotros. ESO. Insectos pero de coral. Cañas pero pensantes. Abejas pero productores de dulzuras altruistas, para otros, para el futuro.

Zoo, inculto personaje del futuro utópico, escucha ese edificio de palabras y no entiende nada.

"*ZOO:* Imágenes, imágenes, imágenes. Pero yo hablaba de hombres, no de imágenes."

Esa interlocutora carece de educación, de cultura, de humanismo. ¿Qué es el hombre sino imagen de qué es el hombre? ¿Qué es el hombre sino lo que el hombre dice que el hombre es?

El Caballero le explica —es clasista y confía en la explicación, esto es la traducción de unas palabras por otras:

"—Quise ejemplificar la gran marcha del Progreso."

Zoo se resiste. Es una alumna rebelde. No acepta el código de ese sistema educativo, ni sus premisas. Entiende las palabras, pero no admite la conexión de apariencia científica e irrevocable que El Caballero genera con las palabras. Acerca de la famosa antorcha que pasa de hombre a hombre —y así se va haciendo El Hombre— de generación a generación, replica:

"—Cada vez que la antorcha pasa de mano en mano se apaga hasta convertirse en la chispa más minúscula y el que la recibe sólo puede volver a encenderla con su propia luz."

También tiene razón. Eso demostraría por qué a pesar de tanto pro-greso hay tanto re-greso, por qué a pesar de llegar tan lejos fuera de nosotros llegamos cada vez menos a nosotros-mismos-entre-nosotros-mismos.

La antorcha de la ciencia —y su fruto, la tecnología— crece; ahí es donde se erige el muro; ahí es donde el insecto se hace coral y la abeja se convierte en miel, y cada aporte puede originar la simiente de nuevos mundos de telecomunicación y sofisticados aparatos de bolsillo. Ahí, no aquí.

ARISTO-CRACIA

Eso El Caballero no lo percibe, porque no se lo enseñaron. Le enseñaron a pensar todo lo que le enseñaron. A pensarlo tanto hasta incorporarlo en el fluido sanguíneo. También le enseñaron que no debía pensar en lo que no le enseñaron. Así logró ser caballero y feliz. Así alcanzó la seguridad del saber y la confianza de su destino de insecto-parte-de-un-proyecto-trascendente.

Pero El Caballero tuvo un desliz, un lapsus que nada tiene de lapsus, sino, al contrario, es un rapto de conciencia de clase que sabe, entre tantos saberes acuñados en venas y arterias, que no todos los hombres son. El Hombre es nosotros. Vuélvase a leer su discurso y haré notar un fragmentito que, con astucia —aprendida en la historia explicada por Hegel—, me salteé:

"Por breve que sea nuestra vida, nosotros —*los mejores de nosotros, por supuesto*— consideramos la civilización..." Las bastardillas son de mi responsabilidad. El Caballero desliza esa breve aclaración para él demasiado obvia. Nosotros no es todos nosotros.

El Hombre no es todos los hombres. La cultura, la civilización, la grandeza, la ciencia y la antorcha famosa no son de cualquiera. Pertenecen a LOS MEJORES.

En griego, el mejor se decía *aristos*. De ahí la aristo-cracia. El poder de los mejores, de los superiores, de los nietzscheanos, de los *pauci electi*, de los que arriban al nivel formal-abstracto en la escala de la inteligencia de Piaget, de los que consiguen equilibrar al Super-Ego con el *Id* y de ese modo construir un Ego armónico y creativo.

PARECE QUE LA HUMANIDAD
NO ES TODA LA HUMANIDAD

La Humanidad *no es* toda la humanidad. Todos son cañas, y algunos son pensantes. Todos son insectos, y algunos se coralizan. La antorcha existe, pero sólo algunos alcanzan a reencenderla en sí mismos.

Hay que decir la verdad. Y ese caballero es El Caballero porque dice la verdad, toda la verdad y nada más que la verdad. La que tiene aprendida y adquirida. La de su educación y la de su clase y la de su tiempo. Verdad en la que se conjugan algunos hechos con determinadas frases hechas. Los hechos *son* las frases hechas. El Caballero no es un hipócrita. Cree en lo que dice y en lo que otros pensaron para él.

Él no piensa, pero tampoco sabe que no piensa. Su inocencia es total. Cree en el destino humano y en su propio puesto en el cosmos. Cuando se le hace ver los agujeros negros de ese gran destino y cuán poco se relacionan los discursos con la realidad, El Caballero reconoce la verdad de esas apreciaciones. Pero también entiende —con toda clarividencia— que son accidentes, no esencias del Hombre.

"El Caballero: Los más grandes maestros de la antigüedad, seguidos por la galaxia de Cristos que surgió en el siglo XX enseñaron, todos, que el castigo y la venganza, la coerción y el militarismo son errores."

Humanismo. Plenitud de humanismo. Todos —nosotros, nosotros los mejores, nosotros los grandes— estamos en contra del Mal y a favor del Bien. El amor al prójimo es nuestro estandarte y la paz nuestra Venus celestial. Salvo los hechos, ¿quién podría refutarlo?

Zoo, refiriéndose a esos grandes maestros con quienes nos identificamos, pregunta:

"¿Alguno de los discípulos de ellos consiguió gobernarlos un solo día basándose en sus cristianos principios? No basta saber quién es bueno; hay que estar en condiciones de practicarlo. (Usted sabe de sobra que sólo consiguieron mantener el orden —si se puede llamar orden— gracias a la coerción y el militarismo que denunciaban y deploraban. Y en rigor tuvieron que matarse entre sí para predicar su propio evangelio e impedir que los mataran.)"

En ciencia cuando una teoría fracasa sucesivamente es desechada.

El Hombre ha muerto —lo terminó de enterrar Foucault— porque El Hombre y todos sus discursos han fracasado.

LO QUE IMPORTA ES DÓNDE SE PONEN LAS MANOS

Jamás fue real. Se llama democracia a regímenes de autocracia y violencia estatal mitigados, relegados a ciertos campos del accionar colectivo.

Se llama libertad a un residuo —si se da— que restaría si el hombre se quitara de encima todas las capas que los medios y los fines manejan en él diariamente.

Se llama idealistas, líderes, profetas a los que originan partidos o corrientes que "tuvieron que matarse entre sí para predicar su propio evangelio e impedir que los mataran".

El Caballero permanece inmutable. Está armado de pies a cabeza: de ideas, de convicciones, de respuestas contra cualquier duda invasora. Él no pensará, jamás cometerá esa transgresión, ni está capacitado para cometerla. Es una computadora que en materia de discursos nunca pierde. Ora apela al progreso, ora a la libertad, ora a la razón, ora al corazón, ora a la antorcha, ora a los relámpagos que hacen antorchas.

"El Caballero: Nuestros relámpagos de inspiración demuestran que tenemos el corazón en el lugar adecuado.

Zoo: Por supuesto. No se puede tener el corazón en ningún lugar que no sea el correcto.

El Caballero: ¡Bah!

Zoo: Pero se pueden poner las manos en el lugar inadecuado. En los bolsillos del prójimo, por ejemplo. De modo que ya ve, las manos son lo que realmente importa."

¿Es que Zoo quiere despojarnos de toda la belleza y espiritualidad de nuestra cultura, de nuestro ser? ¿Nos quiere privar del corazón, cuya raíz latina produce que la gente sea "cordial" y que en París haya una plaza de la "Concordia" (y en la Argentina una ciudad de idéntico nombre), y que todos luchemos contra la "dis-cordia"? ¿Habremos de arrojar a la basura millones de poemas centrados en ese tibio corazón humano del humanismo? ¿No podremos decir más, ante la desgracia, que "se me parte el corazón"? ¿Tampoco habremos de citar a Pascal, en ocasiones propicias y con-cordantes, diciendo que "el corazón tiene sus razones que la razón desconoce"?

"Las manos son lo que realmente importa."

HABLAR ES UN PLACER

Mesala, personaje de Tácito de *Diálogo de los oradores*, cree en la retórica como elemento humano comunicativo que parte de las confrontaciones de la vida y aprende a manejar ideas y a confrontar opiniones. La esgrima del verbo y de las convicciones. Reléase y se verá que esta ciencia-arte era cosa seria ya que requería de previa instrucción, primero doméstica, luego de las llamadas ciencias liberales y finalmente, del ejercicio del raciocinio que discierne entre argumento, falacias, sofismas. Lo importante, dice Mesala, es aprender ese arte de la vida, en plena acción, viendo, oyendo, cotejando, comparando.

El aprendiz podrá elegir un maestro como modelo, y seguirlo, emularlo, pero conocerá a los otros, sabrá de las otras opciones y siempre estará capacitado para re-elegir. En cambio el moderno Mesala rechazaba a la escuela. Al menos para este aprendizaje, que es aprendizaje de vida, consideraba que la escuela —la institución programada— lejos de enriquecer al estudiante lo empobrecería. Su argumento (téngase en cuenta que Tácito murió en el 130 de nuestra era) merece ser recordado:

"Pero... son llevados ahora los jóvenes a las escuelas, en las cuales no sabrán decir si traen más daño a los ingenios o el mismo lugar o los condiscípulos o el género de los estudios...

...Cualquiera cosa de aquellas que cada día se controvierten en la escuela, o rara vez o nunca se tratan en el foro..."

De modo que la palabra, el arte de la palabra, debía emerger de la vida y no de programas escolares.

Pero las escuelas crecieron. Y la cultura creció. Y la civilización creció. Y el hombre hecho Caballero creció. Y crecieron las frases hechas, las profundas banalidades acerca de la vida y de la muerte, del amor y de la angustia, del destino y de la Humanidad.

Jeremías denunció a los ladrones que se cobijaban en el Templo de la Fe, de la Palabra, de la Declaración pública. Jesús hizo su propia denuncia en términos de religiosidad y ética. Y otros muchos enmarcaron la distancia sideral entre corazón y manos, entre frases hechas y hechos parafraseados.

Y nos fuimos a dormir la siesta, y somos felices porque tenemos grandes ideas.

¡VIVA LA LIBRE EXPRESIÓN!

El Hombre lo fue absorbiendo todo, a Galileo y a la Inquisición. Ése es su gran progreso. Bajo cierta declaración de piadosa tolerancia, engulle de todo, siempre y cuando los negocios prosperen, los limpios y sobre todo los otros. Los dueños del mundo quieren que usted exprese su opinión. No incidirá en nada, en nadie. ¿A quién le molesta, pues, su libre expresion? A nadie. A la aristocracia del poder (que nada tiene que ver con la antigua, y con su propio nombre, de *aristos*, el mejor; sino que es simplemente la más fuerte, la más potente) no le molesta que haya democracia. Al contrario, la defiende. Y que cada cual haga lo que mejor le parezca. Y ellos también, los de los grandes negocios y negociados, harán lo que mejor les parezca.

Tolerancia. Buena voluntad. Ronda de la amistad. Y sonrisas, muchas sonrisas, para que Dios nos ame a todos por igual. Entonces sí creemos en la igualdad.

Lo que se dice de lo que se hace permite desligarnos de lo que se hace ya que habla, en última instancia, de la irrealidad del propio lenguaje. El medio es el masaje del mensaje: la palabra expresa siempre al universo del que proviene, palabras, ideologías.

Así puede Peter Weiss considerar que:

"Cuando un superviviente escribe hoy sobre los campos de exterminio o sobre la destrucción de nuestras ciudades, o siquiera sobre unos individuos que resisten en la más honda miseria, a pesar de todo su actividad lo sitúa fuera de esas cosas. Al componer su comunicación (…) afirma su propia libertad. Está sentado en un cuarto caliente frente a una mesa que no se tambalea y describe la pena de otros. Que el goce de libertad es la presuposición para que pueda describirla. Un mundo se hunde, y nosotros registramos este hundimiento en nuestro lenguaje de signos." (*Informes.*)

A través de la palabra —y los otros lenguajes, la pintura, la imagen, las varias artes— el Infierno se embellece. Nada de lo Humano me es horrendo. Y la televisión iguala, uniformiza más aún todo lo humano: la Madre Teresa, el crimen cotidiano, el hambre, la mugre universal, la ternura que nos provocó el niño ese que cayó en un pozo y que todos, mentalmente, fuimos a salvar, y el último divorcio de la diva y la imagen del cenicero que voló por el espacio. Todo es humano. Todo vale. Todo merece ser igualado en imagen o palabra.

¿Fraternidad? ¿Igualdad? Es bastante difícil, pero libertad, eso sí, tómate toda la que quieras.

UN MUNDO SE HUNDE

Un mundo se hunde. Occidente y sus valores. Quizá, revisando bien, nunca haya existido y siempre estuvo hundido. Pero hoy lo vemos, lo palpamos.

Hace entre 100 y 200 años que se viene pintando, novelando, poematizando, y ahora televisando, el mundo que se hunde.

Paradójicamente el Hombre, para salvarse del hundimiento, *ha aprendido a hablar mal de sí mismo.* El masoquismo artístico le hace bien. Gime su nada. Grita su angustia. Patalea su soledad. Aúlla su incomprensión. Y así sobrenada su hundimiento, sobrevive su muerte.

"Yo ro exijo ni pan ni gloria ni compasión. No pido abrazos a las mujeres o dinero a los banqueros. Pero pido y exijo, humildemente, de rodillas, con toda la fuerza y la pasión de mi alma un poco de certeza. Una sola, una pequeñita fe segura, un átomo de verdad." Son palabras de Giovanni Papini en *Un hombre acabado*.

Ése es el show intelecual de Giovanni Papini, para citar a un ejemplo entre millares. "Humildemente", "de rodillas". La genialidad histriónica de los profesionales del humanismo siempre ha sido apoteótica.

Latet angus in herba. La serpiente se esconde entre los matorrales. Detrás de la fachada derrotista y nihilista asoma el Yo poderoso, omnipotente, que sabe que ahora se juega a la nada, que el Hombre ahora tiene que declararse absurdo, así como el criminal se declara imbécil o loco, para que se le perdone el accidental mal acaecido.

No es que haya muerto el hombre. Ha muerto su imagen y su imaginería, ese ser condenado a la Grandeza, Corona de la Creación, estructura de dualidades contrapuestas: razón-corazón, intelecto-manos, idea-pasión, tierra-cielo, caña-pensante, insecto-coral.

Zoo, la protagonista utópica de Bernard Shaw, lo ha dicho: imágenes, imágenes. Unas calcadas sobre las otras, distintas, pero iguales, porque *todas* establecen un puesto y un deber ser para el Hombre, mayúsculo de mayúsculas, en el cosmos. Ese humanismo ha quebrado. Nunca fue real, pero hoy se sabe que el rey está desnudo.

El monismo que debía aplicarse exclusivamente a Dios fue transferido —como todo lo proyectado sobre Dios— al Hombre, la Esencia de la Humanidad, el Paradigma Ideal que, *imitatio Dei*, se distingue por sus Creaciones. Es Euclides, es Shakespeare, es Rodin, es Rubén Darío, es Leloir.

Pero tampoco es, cada uno de los susodichos, el Hombre sino en algunos momentos de su existencia, cuando el relámpago —aquí volvemos al Caballero de Shaw— los traspasa e ilumina en el parto de la creación artística, científica, literaria, humanística. ¿Qué son, cada uno de ellos, el resto del tiempo, cuando no hacen nada que valga la pena registrar como modelo pedagógico en los libros de la Humanidad? ¿Cuando no son el Hombre, qué hombre son?

Uno de los personajes del *Ulises* dice con la voz de James Joyce quien, como todo autor, no habla sino de sí mismo: "Tenemos las obras. Quiero decir cuando leemos la poesía del *Rey Lear* ¿qué nos importa cómo vivió el poeta? En cuanto a vivir, nuestros criados pueden hacerlo por nosotros, dijo Villiers de l'Isle. Curioseando y hurgando en los comadreos entre bastidores de aquel tiempo, que si bebía el poeta, que si tenía deudas. Tenemos el *Rey Lear*; y es inmortal."

La genialidad de la obra de Shakespeare es del autor inglés y no del resto de sus congéneres humanos.

RECTIFIQUEMOS LA IMAGEN

El llamado Hombre, así con mayúscula, es el genio, el momento de genio, o los años, los días, los meses. Pero siempre hay un sobrante. En el texto citado se sugiere que todo lo demás, lo que el hombre hace cuando no hace algo trascendente, no cuenta, no merece consideración; la mirada humanista se repliega y deja de verlo.

En concordancia con esta tesis resultaría ser que gran parte de nuestra existencia —si es que a veces creamos algo, aportamos algo a alguien— no somos o somos in-humanos. También se inferiría que la llamada Humanidad, compuesta seguramente por todos los hombres del mundo y de todos los tiempos, está compuesta por un noventa y nueve por ciento de nadies, de sombras del Hombre que jamás cristalizaron una pizca de gestación genuina-genial-ingeniosa.

Inclusive en el revolucionario marxismo el proletario —mayoría de la Humanidad— es un ser que aún no es pero algún día quizá será. Humanidad de fetos inconclusos, de proyectos humanos fracasados.

La alternativa es bien clara:

a) rectificar *la teoría* acerca del hombre;

b) rectificar *a los hombres* para que concuerden con la mentada teoría.

Stephen, el creativo y poético y rebelde e inconforme personaje de Joyce, en un momento de depresión, cuando se siente muy lejos del Hombre, llega a confesar: "Me dan miedo esas grandes palabras que nos hacen tan infelices." Como el miedo que le daban a Pascal los espacios infinitos, porque sentía que estaban vacíos.

Las grandes palabras nos hacen felices. Conviene repetir ritualmente la fórmula hasta aprenderla, frente al espejo, y con la escenografía e iluminación que a cada uno le venga mejor en su vida personal.

Somos lo que no somos. Y sin embargo somos todo lo sido. Pero también somos lo que quisiéramos ser.

La tragedia comienza en Grecia, donde se consagra definitivamente al Hombre con la presencia del *to on*, el ser. Si uno no tuviera que ser, no tendría qué tener. El tener —por más criticable que sea, y por más éxito que coseche la moda de su crítica— es un humilde servidor del ser.

El hombre destinado a Ser Hombre, a tomar forma de Esencia, necesita tenencias definitivas que fundamenten, garanticen y protejan su Identidad. Tener para tenerse, para sos-tenerse.

Identidad. Idéntico. A igual a A. Yo igual a Yo. Identidad. Inmutabilidad. Perfección. Esencia perfecta vs. accidentes imperfectos. El bloque de mármol moldeado versus el mármol residual.

Por cierto, el tema del Ser, del Hombre, y del *eauton*, el uno mismo que en tiempos modernos dará lugar al Hombre Auténtico, se genera sólo y tan sólo cuando su medio ambiente deja de procurarle el masaje reconfortante de tener un status determinado y ordena, dentro de un Orden inconmovible, quién es qué y qué es de quién.

CAÍN Y LA PEDAGOGÍA CORRELATIVA

Si yo pudiera inaugurar una nueva pedagogía les diría a los pequeños:

—Amiguitos del alma, el hombre no es Leonardo da Vinci.

Ésa fue una excepción. No confundan reglas con excepciones. En principio leamos la Biblia no para ser religiosos sino para conocer la realidad, y eso sólo lo hallarán en la Biblia o en Homero. Eso que ustedes sienten en el fondo del ser pero no se atreven a expresar, porque creen que es demoníaco, que es una enfermedad. Esa envidia. Ese odio al compañerito de al lado. Esa ansiedad de golpear, o de romperle el libro, o de ensuciarle el cuaderno. Bettelheim, un señor que se dedicaba a conocer el alma humana, enseñaba que el hombre en principio es Caín. Eso es lo que quería leerles de la Biblia, la historia de Caín que odiaba, celaba, y finalmente mataba al bueno de Abel. Y bien, Caín es el inmediatamente real, y Abel es un diamante que hay que tallar, quitarle impurezas, para que llegue a ser. Y eso son ustedes, queridos niños, materia prima, informe, violenta, dura, llena de tendencias egoístas y destructoras, como decía mi amigo Sigmund, y aquí en el colegio, en la calle, en la vida, debemos tallarlos.

Y leeríamos la historia de Caín y Abel, y luego concluiría mi tesis educativa:

—Caín es el tangible, Abel el ideal.

Así lograríamos construir, tal vez, otra historia. La del hombre enano que tiene que crecer y llegar a ser. Pero que en principio vale tanto como la hormiga. Y si la Biblia y sus grandes comentaristas lo dicen, ¿por qué he de temer yo decirlo?

CAPÍTULO XII

EL MIEDO A LA LIBERTAD

LO CÓSMICO Y EL PAN NUESTRO DE CADA DÍA

Si uno pudiera subirse a alguna altura inconmensurable, vería desde ahí los acontecimientos del universo en su perfecta armonía, como si fuera una música continua y hasta hermosa. Desde el avión, cuando viajo, me atrae contemplar el cielo, las nubes, las cordilleras que alcanzo a divisar. Nada es bueno, nada es malo. Lo uno hace rima con lo otro, y la totalidad constituye como una obra de arte impecable. La rotación de las esferas, de las estaciones, del tiempo, de las nubes y de los soles, todo ello conforma un panorama de serenidad, de eternidad que nunca cesa, de paz. Eso es lo *cósmico*.

Lo *microcósmico*, como la palabra lo expresa, es lo pequeño, el cosmos chiquito de los detalles de la vida; está compuesto por eso que vemos a ras de tierra: tú, yo, el calor, la humedad, los chicos, los nervios, la sopa que se enfrió, el nene que trajo malas calificaciones del colegio, la mamá enferma, la relación del peso con el dólar, las últimas declaraciones del Presidente de la Nación...

Dentro de lo grande todo esto se diluye, es nada. Uno está sentado en el avión y se dice que esas penurias suyas, o esas exaltaciones de ánimo, se vuelven sombra arenosa, desvalida y devaluada frente a la inmensidad de lo cósmico.

Dentro de lo cósmico "las tardes a las tardes son iguales" (vuelvo a Borges), y son iguales los seres, las parejas, las desparejas, y todo es igual, porque todo es igualmente un leve momento del oleaje del tiempo.

El destino del hombre, su especificidad consiste en considerarse *individuo* y no meramente especie, torrente sanguíneo de la naturaleza donde ni la vida ni la muerte cuentan, porque todo es y nunca cesa de ser. El *individuo* se arranca a ese torrente y quiere ser *alguien*, una huella indeleble, indispensable, y a tal efecto lo macrocósmico lo borra, y lo microscópico lo redime.

ESTA TARDE, INCOMPARABLE

Esta tarde no es igual a tarde alguna. Esta mujer es única, irrepetible. Este niño en mis brazos no es un caso del ser niño ni es un descendiente de los homínidos. Es Uri, mi nieto, de ojos azules, y su sonrisa no tiene parangón en el cosmos. Está fuera del cosmos.

Reflexiona un gran crítico de nuestro tiempo, George Steiner, en su libro *Antígonas*: "La planta es algo cósmico. Todo lo cósmico lleva impreso el signo de la periodicidad. Todo lo cósmico tiene un ritmo. En cambio lo microcósmico (el animal) tiene polaridad. La palabra *contra* expresa íntegramente su esencia. Lo microcósmico se manifiesta como oposición."

Aquí luchamos. Aquí los elementos han de responder a la polaridad bien versus mal, útil versus pernicioso, amor versus odio, tú versus yo. Y así sucesivamente. Creo que es una notable observación la de Steiner. Las guerras y oposiciones son de los acontecimientos chiquitos. En lo alto, en eso que Spinoza llamaba contemplar el universo *sub specie aeternitatis*, desde el punto de vista de la eternidad, estas polaridades antagónicas se desvanecen y brota la maravilla del Todo.

Ocurre que el hombre, por ser consciente, por estar dotado con todo el mundo pasional, es microscósmico en su confrontación con lo y los demás, y por otra parte, por ser capaz de inteligencia, de abstracción, es capaz de remontarse mentalmente a alturas y también tener la vivencia de lo cósmico.

Es, el hombre, como se dijo, la bestia paradójica. No tiene conflictos sino que es conflicto. Por eso nunca es y siempre está siendo. Uno mismo lo sabe.

Esta imperfección lo libera de ser cosa y le permite re-nacer constantemente in-concluso, in-acabado.

La múltiple y contradictoria realidad

De eso hablaba un personaje de Galdós, que se llamaba Orozco y que fue abandonado por su mujer (en la novela *Realidad*).

Orozco no quiere caer en la pasión. Lucha contra ella. Pretende conservar la frialdad de la razón. ¿Qué es la infidelidad? ¿Qué es la fidelidad? Son todos elementos pasionales indignos de una mente fría, racional. El sujeto reflexiona de esta manera:

"Fuera locurillas impropias de mí. Los celos, ¡qué estupidez! Las veleidades, antojos o pasiones de una mujer, qué necedad raquítica. ¿Es decoroso para el espíritu de un hombre afanarse por esto? No; elevar tales menudencias al foro de la conciencia universal es lo mismo que si, al ver una hormiga, dos hormigas o cuatro o cien, llevando a rastras un grano de cebada fuéramos a dar parte a la guardia civil y al juez de primera instancia. No, conservemos nuestra calma frente a estas agitaciones microscópicas, para despreciarlas más hondamente... Que nadie advierta en ti el menor cuidado, la menor pena por lo que ha ocurrido en tu casa. Para tus amigos serás el mismo de siempre."

Orozco parece ascender a los cielos de lo universal, pero vemos al final que todo lo hace para regresar a la vida social como si nada. La vida social es lo que más le interesa. El qué dirán. Es un otro-dependiente. Vive por y para los demás y sus habladurías. Para zafarse de los celos, se desliga en general de todos los sentimientos. Todo da lo mismo, el amor, el desamor, la traición, la fidelidad. Somos hormigas que cargan un grano de avena.

Orozco ingresa en una actitud de amoralidad. No es altura lo suyo, es simplemente uniformidad, total ausencia de todo valor y de toda moral.

Mira la noche y hace esta reflexión: "Como lucen las estrellas. Qué dirían esa inmensidad de mundos si fuesen a contarle que aquí, en el nuestro, un gusanillo insignificante llamado mujer quiso a un hombre en vez de querer a otro. Si el es-

253

pacio infinito se pudiera reír, ¡cómo se reiría de las bobadas que aquí nos revuelven y trastornan!"

La vida real es microcósmica y apasionada. Está signada, dice Steiner, por la oposición. Mientras el gran cosmos está enmarcado en la armonía de melodías angelicales, el pequeño cosmos, tu vida, mi vida, está sometido a estas pequeñeces de amor, odio, te extraño, no me dejes, que Orozco intenta vanamente despreciar.

En lenguaje de Steiner: "Hablamos del esfuerzo de la atención, del esfuerzo del pensamiento. Pero todos los estados de la conciencia vigilante son, por esencia, esfuerzos, oposiciones entre dos polos; los sentidos y los objetos, el yo y el tú, la causa y el efecto, la cosa y la propiedad."

EL MUNDO ES UN DECIR

El mundo es un decir de Dios, en la perspectiva teológica. La mente positiva —educada bajo las caricias de Comte— cambiará simplemente al dueño del decir: el mundo es un decir del hombre.

El mundo es lo que se dice que el mundo es. Pero aun en estadios analíticos, al modo del radical Wittgenstein, la existencia no admite que seamos no más que una hermosa vacuidad tapizada con palabras, y pretende, con todas las iconoclastias a la vista, aferrarse a algunos vocablos indudables, sacros. Como LIBERTAD.

Ocurre entonces que el descreidísimo Bertrand Russell, o el ateísimo J.-P. Sartre, desde diversos ángulos, des-acreditan todos los valores, pero dulcemente apoyan su fatigada cabeza en el regazo de la libertad.

Russell cree en el poder del pensamiento: "Lejos de las pasiones humanas, lejos también de los lastimosos hechos de la naturaleza, las generaciones crearon poco a poco un cosmos ordenado donde el pensamiento puro pudiera morar como en su habitáculo natural y donde por lo menos uno de nuestros más nobles impulsos pudiera escapar del triste exilio del mundo real." (*Misticismo y lógica*.)

La libertad es esa capacidad de "poder escapar" para salvar, claro está, "los más nobles impulsos". Dos ilusiones se acumulan:

a) que haya nobles impulsos;

b) que se pueda escapar.

LIBERTAD ES DIGNIDAD

Desde el campo de la psicología conductista escribió B. F. Skinner un libro denominado *Más allá de la libertad y la dignidad*. Los términos son sinónimos: libertad, dignidad; e implican al otro sinónimo: humanidad.

Skinner es amigo de la "tecnología de la conducta". Opina que si conociésemos realmente la totalidad de los factores que conducen al nacimiento y emergencia de una conducta, no podríamos hablar seriamente de libertad.

Libertad, pues, en ciencia, es igual a ignorancia.

"Reconocemos la valía o la dignidad de una persona cuando elogiamos lo que ha hecho. El grado de elogio es inversamente proporcional a la claridad de las causas de su conducta. Si no entendemos por qué una persona actúa como lo hace, entonces le atribuimos su conducta a él mismo. Admiramos a las personas en la medida en que no podemos explicar lo que hacen."

Estamos dispuestos a ser científicos en todo, menos en lo que toca a nuestras ideologías. El mecanismo psicológico sigue siendo inquisitorial, y Skinner en lugar de ser refutado es repudiado, insultado.

La libertad es la última de nuestras creencias. Última en varios sentidos:

a) caídas todas las demás, es la última en conservarse;

b) sobre ella se edifica cualquier sistema de creencias humanas-humanistas;

c) es la última en prestarse a un análisis crítico.

¿Cómo salvarla?

AGORAFOBIA: MIEDO A LOS ESPACIOS ABIERTOS, ILIMITADOS

"Las creencias en la que mayor confianza depositamos no tienen más salvación para mantenerse que una permanente invitación a todo el mundo para que pruebe su carencia de fundamento."

Así opinaba un liberal del siglo pasado, con una extraña mezcla de positivismo y delicado romanticismo que sólo el espíritu inglés podía producir. Me refiero a John Stuart Mill, y a su libro *Sobre la libertad*.

Puesto que la libertad es el tema más patético de nuestro tiempo, precisamente porque se ha constituido en el postrer baluarte del sentido de ser hombre y ser historia, conviene retrotraerse a las páginas serenas de un hombre que además de creer en la libertad se tomó la molestia de pensarla seriamente dentro del marco de la vida real.

Mill quería la libertad. Nosotros —lo expuso Fromm— le tenemos miedo.

Isaiah Berlin en un ensayo sobre el texto de Mill explica: "La enfermedad de la Inglaterra victoriana era la claustrofobia; había una sensación de sofoco, y los hombres mejores y más dotados de este período, Mill y Carlyle, Nietzsche e Ibsen, hombres de la izquierda y de la derecha, reclamaban más aire y más luz.

La neurosis de nuestro tiempo es la agorafobia; a los hombres sin amo de Hobbes en estado de naturaleza, muros para contener la violencia del océano, orden, seguridad, organización, una autoridad claramente delimitada y reconocible, y se alarman ante la perspectiva de una libertad excesiva que les arroje a un inmenso y desconocido vacío, a un desierto sin caminos, mojones, ni metas."

Estamos a la intemperie, acota Buber. De ahí el terror y la necesidad de terrorismos varios para aplacar y acallar al terror de una libertad yerma. Como el ruido para silenciar al silencio.

Estadios del desarrollo humano

Los estadios de la humanidad podrían resumirse en tres momentos de la libertad:

1) Lograrla.

2) Llenarla de contenido.

3) Huir de ella.

Por eso tenemos tan poco tiempo; tan ocupados estamos. Para no estar pre-ocupados.

Tiempo es igual a libertad. Ocio, le decía Aristóteles. Y con ese ocio escribió la *Metafísica*.

El miedo a la libertad, por tanto, es el miedo a la metafísica o, más bien, a la carencia de metafísica. De todos modos seguimos hablando de libertad. Algunos hasta se matan por ella. Otros, más que los anteriores, matan por ella.

Hay que volver a Mill. Los filósofos contemporáneos hablan en términos de teología, poesía, hermetismos varios. O en símbolos matemáticos. Volver a Mill, aunque sea por mero solaz intelectual de enfrentar una serie de proposiciones cartesianas, claras y distintas, acerca de la libertad. No importa cuánto aprenderemos —o estaremos dispuestos a asimilar— del tema propuesto; el pensamiento es un juego que se justifica a sí mismo, independientemente de sus frutos.

Es digno de memoria, por ejemplo, este párrafo: "Los que primero se liberaron del yugo de lo que se llamó Iglesia universal estuvieron, en general, tan poco dispuestos como la misma Iglesia a permitir la diferencia de opiniones religiosas".

Así somos los humanos. Liberarnos de un dogma suele traducirse en la radicación de un dogma mucho más excluyente, cruel, implacable.

Luego de esta leve introducción vayamos a la médula de la concepción de Mill:

"La única parte de la conducta de cada uno por la que él es responsable ante la sociedad es la que se refiere a los demás. En la parte que le concierne meramente a él, su independencia es, de derecho, absoluta. Sobre sí mismo, sobre su propio cuerpo y espíritu el individuo es soberano."

Proposiciones sumamente sencillas, y aun profundísimas, en dos orientaciones:

a) Responsabilidad ante los demás, en la medida en que mi conducta incide en otros de alguna manera. Responsabilidad absoluta.

b) Lo absolutamente propio, lo totalmente libre de incidencia o influencia o trascendencia hacia otros, es lo mío y de nadie más. Nadie puede juzgarme en ese espacio vital de mi yo.

RESPONSABILIDAD, FUNDAMENTO DE LA CON-VIVENCIA

Lo que empieza y concluye en mí no admite injerencia ajena. Lo que sale de mí y se vuelca fuera de mí *es* competencia del otro, y no soy libre para zafarme de la atadura por mí provocada.

La libertad, en este enfoque, es un margen de delimitación moral. Mill defiende a los otros de mí, y a mí de los otros. La libertad es de mi rotunda soledad, y no más. La responsabilidad de mi ser entre la gente.

Claro que se presume un estado ideal en el cual cada uno sabe qué hacer consigo mismo en su soledad y por qué caminos conducir su existencia. Es un presupuesto de optimismo socrático que Stuart Mill no ignora:

"Casi es innecesario decir que esta doctrina es sólo aplicable a los seres humanos con la madurez de sus facultades. No hablamos de los niños ni de los jóvenes. Los que están todavía en una situación que exige que sean cuidados por otros, deben ser protegidos contra sus propios actos, tanto como contra los daños exteriores."

Lejos de ser, pues, la libertad un don de la naturaleza, es una conquista. Presupone madurez de conciencia: saber-se, y saber conducir-se; para ello es menester conocer el bien, *mi* bien. Frente al otro debo insertarme en el bien comunitario, vigente en mi sociedad; frente a mí mismo, debo mirarme en el espejo y averiguar cuál es mi bien, el bien que *me* hace bien, lo más específico de mi individualidad.

Yo quiero ser libre para real-izarme. Para real-izarme he

de encarar a ese *me*, a la persona que yo soy en particular, sus inclinaciones, tendencias, móviles, deseos, anhelos. Si supiera qué-quién soy, en mí, para mí, podría *entonces* aplicar la libertad para realizarme en mi proyecto.

"La libertad humana exige libertad en nuestros gustos y en la determinación de nuestros propios fines, libertad para trazar el plan de nuestra vida según nuestro propio carácter, para obrar como queramos, sujetos a las consecuencias de nuestros actos, sin que nos lo impidan nuestros semejantes en tanto no les perjudiquemos." (Ortega y Gasset.)

La libertad es el compromiso que tomo conmigo mismo y el ser más propio que poseo.

Y si no lo dice Mill, es fácil comentar exegéticamente sus palabras, mi gusto seguirá sólo y tan sólo cuando sepa deslindar entre lo mío y lo de todos, lo impuesto desde fuera y lo emergente desde dentro. Para ser libre yo, tengo que ser *realmente* yo.

AUTÓMATAS DE APARIENCIA LIBRE

La libertad es nuestro bien mayor. Así nos enseñaron, así lo apreciamos. Pero ni nos enseñaron ni nos dedicamos a pensar en qué consiste eso llamado "libertad" y cómo se hace para vivir dentro o con ese patrón. Conocemos el "salir a la libertad", cuando estuvimos privados de ella. Pero una vez lograda esa salida, aparece el problema: ¿y ahora qué hacemos para *ser libres?*

Uno de los libros que con mayor agudeza abordó este tema es *El miedo a la libertad* de Erich Fromm.

"En el curso de la historia moderna —escribe Fromm— la autoridad de la Iglesia se vio reemplazada por la del Estado, la de éste por el imperativo de la conciencia, y, en nuestra época, la última ha sido sustituida por la autoridad anónima del sentido común y la opinión pública, en su carácter de instrumentos del conformismo. Como nos hemos liberado de las viejas formas manifiestas de autoridad, no nos damos cuenta de que ahora somos prisioneros de este nuevo tipo de poder.

Nos hemos transformado en autómatas que viven bajo la ilusión de ser individuos dotados de libre albedrío. Tal ilusión ayuda a las personas a permanecer inconscientes de su inseguridad, pero ésta es toda la ayuda que ella puede darnos."

Somos autómatas de los mandatos sociales, comerciales, televisivos. Pero al mismo tiempo declaramos cuán libres somos. De esa manera mientras la *realidad* es de sumisión, el *discurso* suena a liberación, y uno elude la angustia de la inseguridad.

Aprendimos a hablar mágicamente. Gritamos "libertad" mientras vamos a donde todos nos mandan, y creemos mágicamente que, en efecto, esa libertad es nuestra.

La vida y el comentario de la vida van discrepando más y más. Y el agujero interno crece en consecuencia.

LOS DEMÁS RIGEN TU VIDA, AUNQUE NO TE DES POR ENTERADO

"En su esencia el yo del individuo ha resultado debilitado, de manera que se siente impotente y extremadamente inseguro. Vive en un mundo con el que ha perdido toda conexión genuina y en el cual todas las personas y todas las cosas se han transformado en instrumentos, y en donde él mismo no es más que una parte de la máquina que ha construido con sus propias manos.

Piensa, siente y quiere lo que él cree que los demás suponen que él debe pensar, sentir y querer, y en este proceso pierde su propio yo, que debería constituir el fundamento de toda seguridad genuina del individuo libre."

Para releer y meditar. No es tan fácil, según se ve, *ser libres*. O te ordenan unos, o te liberas de ellos y el espacio que queda libre es llenado por el autoritarismo de otro.

Porque hay un valor que, detrás de bambalinas, es el que más rige nuestras vidas: el de la seguridad. Ser libre es estar inseguro, salirse de rutinas, pensar todos los días. Y eso, hay que confesarlo, es un trabajo fatigoso.

El éxito de la publicidad consiste en que se aprovecha de

esa debilidad nuestra: en el inconsciente disfrutamos que nos ordenen dónde veranear, qué comer el fin de semana, cómo criar al nene y qué decirle a la pareja el día del cumpleaños.

Supongamos que usted se imagina a sí mismo, año a año, devanándose los sesos con la pregunta: ¿Y esta vez, cómo he de festejar yo, desde mi libertad, desde mi inventiva, desde mi creatividad, el cumpleaños de mi esposa? Y si lo hiciera, ¿se imagina cómo recibiría su esposa ese fruto tan de usted mismo, ese agasajo tan fuera de serie y fuera de publicidad o de costumbre ordenada por la sociedad anónima masificada?

Seguridad. La torta, la velita, el canto. Seguridad. Y la risita segura. Y el beso seguro. ¡Así da gusto vivir!

PÉRDIDA DE IDENTIDAD

Volvemos a Fromm y leemos que lo que nos caracteriza es la pérdida de identidad. Nos liberamos de todas las autoridades, pertenencias, adherencias y sometimientos, es decir dependencias, y nos quedamos libres. Es decir vacíos, sin identidad.

"Entonces, esta pérdida de la identidad hace aún más imperiosa la necesidad de conformismo; significa que uno puede estar seguro de sí mismo sólo en cuanto logra satisfacer las expectativas de los demás. Si no lo conseguimos, no sólo nos vemos frente al peligro de la desaparición pública y de un aislamiento creciente, sino que también nos arriesgamos a perder la identidad de nuestra personalidad, lo que significa comprometer nuestra salud psíquica."

Ya no dependemos, felizmente, de Dios. Sólo dependemos de los demás. Tampoco dependemos de nuestros padres y sus mandatos. Sólo dependemos de la pantalla ésa que nos irradia mensajes y nos llena el buche mental con qué *debemos* sentir, qué comprar y cómo hacer felices a nuestros niños. En fin, cómo hacer para no ser uno mismo, y cómo ser como los demás, en zapatillas, en diversiones, en sexo, en cualquier cosa.

"Al adaptarnos a las expectativas de los demás, al tratar de no ser diferentes, logramos acallar aquellas dudas acerca de nuestra identidad y ganamos así cierto grado de seguridad."

Claro que todo paga un precio. El precio es lograr ser nadie, y finalmente ir cultivando por dentro un vacío mucho mayor, la angustia, y el consiguiente sedante, la anfetamina o somatizaciones múltiples.

"El hombre moderno está hambriento de vida. Pero puesto que siendo un autómata no puede experimentar la vida como actividad espontánea, acepta como sucedáneo cualquier cosa que pueda causar excitación o estremecimiento: bebidas, deportes o la identificación con la vida ilusoria de los personajes ficticios de la pantalla. ¿Cuál es, entonces, el significado de la libertad para el hombre moderno?"

LA LIBERTAD NEGATIVA, ÉSA ES LA FÁCIL

La salida de prisión o la anulación de autoridades que dominan tu vida y la manejan, eso es la *libertad negativa*. Se niega algo. "¡No lo quiero más!", es el grito de la Revolución Francesa contra el Rey. No más rey, libertad.

Muerto el Rey, suprimidas las vallas y los obstáculos que surgen en la vida de cada uno, ha de llegarse al planteo más difícil: *ahora hay que afirmar qué es lo que sí quiero, a qué quiero apostar esta libertad que tengo entre manos.*

Ésta es la *libertad positiva*. Afirma algo, está dispuesta a jugarse por algo. Reclama tu propia participación como persona, sin responsabilidades ni culpas ajenas. Ya no dices que tus padres te empujaron hacia ciertas acciones, ni la sociedad en que vives, ni la educación que recibiste. Ahora eres tú el libro, tú el hacedor y tú el responsable por tu acción. Aquí comienza también el campo de la ética.

Responde. Actúa. Tienes que hacer algo.

No qué sientes, ni qué experimentas, ni qué sueñas, ni qué piensas. No. Libertad es eso que haces con tu libertad, tu acción. En términos de Fromm:

"Esta libertad el hombre puede alcanzarla realizando su yo, siendo lo que realmente es. ¿En qué consiste la realización del yo?"

La pregunta es incisiva. Cómo derrumbar muros, sabemos. De hecho cayó el Muro de Berlín y en la película *El muro*, con el grupo Pink Floyd, aprendemos lecciones de cómo tirar paredes que coartan la libertad.

La película que le sigue, la de construcción de tu vida, la de la escuela que ha de reemplazar a la otra escuela, a esa vieja institución de represiones, lecciones, bancos y disciplinas militares, esa aún nadie la ha hecho. Ni creo que alguien piense hacerla.

Ésa es la película que falta. La de qué hacer con esa libertad conquistada, liberada.

LA LIBERTAD POSITIVA

"...Creemos que la realización del yo se alcanza no solamente por el pensamiento, sino por la personalidad total del hombre, por la expresión activa de sus potencialidades emocionales e intelectuales. Éstas se hallan presentes en todos, pero se actualizan sólo en la medida en que lleguen a expresarse. En otras palabras, la libertad positiva consiste en la actividad espontánea de la personalidad total integrada."

¿Qué es la espontaneidad? ¿Lo que primero se te ocurre? ¿Eso que te "sale"? ¿Eso que la gente practica diciéndole al prójimo lo primero que le viene a los labios con el pretexto de que después de todo uno es sincero, y la sinceridad es un valor primordial, aunque le diga al otro que más vale que se suicide porque su vida no vale nada, y termine afirmando "bueno, es lo que yo pienso, y quería decírtelo"?

Eso, con el perdón de la expresión, es vómito; no es espontaneidad. Para Fromm *la espontaneidad es un acto que afirma la individualidad del yo y al mismo tiempo une al individuo con los demás y con la naturaleza*. Un acto libre, mío, pero referido a otros, a ti, y por lo tanto regido por la ética.

En la actividad espontánea, analiza Fromm, el individuo se liga con otros, con el mundo, con el cosmos, en un acto de integración interna y externa. Ahora su seguridad no le viene de afuera, de las zapatillas que gasta o del automóvil que luce. Le brota de una actividad creadora y el gozo concomitante.

No es hacer algo que te dará dividendos. Es salirse del mercado del uso, de la utilidad, del negocio, del tráfico inter-humano. Aquí no vales por lo que produces, o por los títulos que ostentas, sino por tu ser en plenitud y en libertad, que al ser así te vuelve creación, novedad, arte y éxtasis.

Dice Fromm: "Si el individuo realiza su yo por medio de la actividad espontánea y se relaciona de este modo con el mundo, deja de ser un átomo aislado; él y el mundo se transforman en partes de un todo estructural..."

Por ahí anda el sentido de la felicidad.

LA REDENCIÓN DEL ROBOT

Cito a Herbert Read, de su libro *La redención del Robot*: "Ahora cuando hablamos del problema del ocio no pensamos en la necesidad de tener tiempo o tranquilidad para hacer algo; nos sobra tiempo y nuestro problema es no saber cómo ocuparlo. Ocio ya no significa tiempo libre que se ha ganado con dificultad frente a la presión de la vida; más bien denota un vacío profundo que necesitamos llenar con ocupaciones inventadas."

Después nos explica Read que la vida humana divide sus tiempos en dos fases: la del *trabajo* y la del *juego*. El trabajo es para provecho y utilidad, para subsistir, para comprar y tener cosas indispensables, alimentación, techo... El juego es la explosión de la fantasía, de la imaginación, de lo estético, de todo aquello que llamo el reino de lo inútil, que es el de la libertad, porque uno sale de toda dependencia de ganar bienes para ganarse a sí mismo.

Los niños no juegan porque son pequeños o tontos, sino porque aún no han sido deteriorados por el mundo práctico del trabajo. Se disfrazan con un repasador, son seres de otro planeta con un palo de escoba, viven en un paraíso de construcciones y reconstrucciones, en plena creatividad y en dinámica perpetua.

Eso es ocio, vaciarse de lo práctico-utilitario e ingresar en la poesía donde armamos y desarmamos mundos, en el juego. Y ése sería el auténtico gozo. De eso estamos desprovistos.

En cambio estamos provistos de un autoritarismo que nos reclama que en el tiempo libre nos llenemos de placeres, pero puesto que no sabemos crearlos, se han inventado, dice Read, los entretenimientos a los que nos sometemos pasivamente; en ellos, otros juegan y nosotros miramos, miramos fútbol o tenis o películas, toda suerte de espectáculos frente a los que estamos esperando que nos hagan felices, como los bufones a los reyes aburridos.

LA AUTENTICIDAD Y EL SER CONSECUENTE

Después de todo vamos y volvemos para entender cómo puede uno llegar a ser uno mismo. El hecho es que no se llega, siempre se está en camino, y el uno mismo es tanto más cuanto menos llegue, y cada vez que crea llegar, abandone lo vivido y no lo dogmatice, porque si no caería en una prisión construida por él mismo.

Esto exige *pensar*. Ya no las matemáticas, ya no el cosmos, sino la experiencia cotidiana del ser.

El término "pensamiento" puede ser entendido de diversas maneras. Es pensamiento el proceso psíquico por medio del cual el individuo enfrenta ciertas situaciones. Es pensamiento el fruto que se desprende del mentado proceso. A este fruto desprendido del acto de pensar lo denominamos idea.

El que piensa —fuera o dentro de la torre de marfil— está respondiendo a una exigencia o acicate de su circunstancia fáctica. Antes de ser idea, el pensamiento es sobre todo una conducta, una respuesta.

La idea es posterior. El fruto madura y se desprende cuando concluye el proceso de elaboración. La idea representa el reposo del pensamiento. En realidad es un interludio, puesto que el reposo del pensamiento es precario. El pensamiento —fiel trasunto del ser— sólo accidentalmente sabe de reposos. La esencia del pensar es el movimiento perpetuo. La idea-reposo es un punto de arribo y un punto de partida.

"La condición más atrayente del pensamiento humano es la inquietud", reflexionaba Antole France. En verdad, decir "pensamiento" y añadir "humano" es una redundancia. El pensamiento —cualquiera que sea su contenido, su forma, su meta— es siempre netamente humano. De ahí su infatigable procesualidad.

En esta dinámica pensante, la idea es un fruto cuyo mayor gusto y máxima positividad consiste en la posibilidad de ser superada. Esto es: la validez de la idea no radica tanto en el proceso que le dio nacimiento como en el proceso consecutivo al cual ella, precisamente ella, da nacimiento.

SÓLO VALEN LAS IDEAS FECUNDAS

Lo fundamental de la idea no es ser punto de llegada, sino punto de partida. La idea que insta a la superación, aquella que inspira una renovación más fuerte y más señera del movimiento pensante, esa que niega el reposo y convoca las armas dialécticas a una nueva lucha, ésa es la idea por antonomasia, inspirada e inspirante, viva en cuanto vivifica y arroja al desasosiego de la *cogitatio* insaciable.

Con especial y amarga complacencia cita Erasmo aquel verso de Sófocles: "La existencia más placentera consiste en no reflexionar nada". Erasmo parece aplaudir a Sófocles. Claro que tanto Sófocles como Erasmo llegaron a tal conclusión... reflexionando. El pensamiento suele ser el vengador de sí mismo.

Las ideas inertes son ideas esterilizadas: dan seguridad, sí, pero huelen al sopor de la muerte. La idea auténtica, la viva, se funde y se disgrega gozosamente en el proceso pensante. La validez no está en las ideas sino en el proceso que desencadenan. Si el hombre llegara a pensar un poco consecuentemente se daría cuenta de la futilidad del contenido de las ideas. Lo inevitable es pensar. Las ideas son contingentes.

Pero detengámonos en las ideas. La condición humana general es pensar. La condición humana particular-personal es tener ciertas ideas, arribar a ellas, partir de ellas, sostenerse en ellas. Estamos necesitados de ideas porque estamos necesitados de sostén. La validez de las ideas no está en ellas sino *entre* ellas.

La idea es un punto de apoyo para poder seguir pensando. La validez que nos preocupa no es de índole científica sino de índole humana, más claramente: de índole ética.

Con suprema lucidez decía nuestro maestro Francisco Romero: "Quien no sienta temor al proponer una solución filosófica, carece de toda responsabilidad y aun de comprensión para la filosofía, porque el querer encerrar la arcana realidad en los moldes de nuestros pensamientos es siempre una aventura desmesurada. Y quien no compense este temor con la valentía de ofrecer la propia respuesta a las interrogaciones inmemoriales, no inscribirá su nombre en la lista de los que, en este apartado de la vida de la inteligencia, han dado o han procurado dar un paso hacia adelante. La filosofía, como más de una vez se ha dicho, exige al mismo tiempo modestia y soberbia, temor y atrevimiento." (*Filósofos y problemas.*)

Aun en su ánimo jocoso y exultante, no puede ser eludido este párrafo del poeta argentino Oliverio Girondo que en 1932 tenía la osadía de mirarse en su realidad palpitante y descubrir esa disolución: "Yo no tengo una personalidad; yo soy un cóctel, un conglomerado, una manifestación de personalidades... hay personalidades en todas partes, en el vestíbulo, en el corredor, en la cocina hasta en el W.C. ...imposible saber cuál es la verdadera... En vez de contemporizar, ya que tienen que vivir juntas, pues no señor, cada una pretende imponer su voluntad sin tomar en cuenta las opiniones y los gustos de las demás...

Mi vida resulta así una preñez de posibilidades que no se realizan nunca..."

Si Oliverio Girondo no sufriera, sería feliz. Pero quiere ser lo que no es. Se considera preñez de posibilidades. Si se mirara desde otro ángulo, se vería a sí mismo como sucesión de acontecimientos, cada uno pleno en sí mismo, y no causa ni consecuencia de otro.

Este texto, uno más, viene a ratificar la visión de Hume. Sólo que lo que en Hume es un análisis empírico del yo que no existe como unidad e identidad, en el hombre se vuelve angustia. Porque el último bastión que le queda es su imagen en el espejo, eso tan indudable que es el yo.

Ahora resulta que esa imagen está quebrada. A Girondo le molesta. Él quisiera ser una unidad, una identidad. Sufre, como quien ha perdido un tesoro valioso, o lo único valioso que tenía, y por eso era tesoro.

Dicho con otra metáfora, ahora de Kafka: "Porque somos como troncos de árboles en la nieve. Aparentemente, sólo están apoyados en la superficie, y con un pequeño empellón se los desplazaría. No, es imposible, porque están firmemente unidos a la tierra. Pero atención, también esto es pura apariencia." (*La condena*.)

EL PACTO CON EL DIABLO

Páginas atrás hablamos de dos fuerzas que emanan de la condición humana, una hacia el control de las pasiones, la creación de la belleza, la organización del alma, del arte, de la ciencia y del bien. El dios que la representaba era Apolo.

Luego comentamos que la otra, la tendencia al caos, al desenfreno, al éxtasis momentáneo, a la embriaguez de los sentidos, era atribuida al dios Dionisos.

En los tiempos modernos, lo apolíneo encuentra su contraparte en lo *fáustico*, que tiene bastante de Dionisos, pero se basa en un mito que fue particularmente difundido por Goethe, en plena eclosión de renacimiento: precisamente el de *Fausto*.

Fausto era un sabio recluido en su torre de marfil, entre libros antiguos, sereno, calmo, entregado a la indagación de las verdades eternas. Un día se le apareció Mefistófeles, encarnación del Diablo, y lo invitó a abandonar esa calma que era ciencia pero no era vida, y le prometió juventud eterna, goces sin fin, sensualidad y placeres, por un solo precio: que le entregara su alma.

Ese pacto firmó Fausto, y así fue: vendió su alma al diablo, y celebró su cuerpo, su egoísmo, un mundo de bacanales, conquistas, éxtasis, pero el hombre en su humanidad decae, y en el drama de Goethe busca el camino del retorno.

Éste es el hombre moderno, individualista, sin noción de cielo ni de trascendencia, hedonista, desesperado por más y más vida, experiencia, placeres.

Esta contraposición de tipos humanos que fueron cultivados por diversas culturas y tiempos está muy bien analizada en la obra de Oswald Spengler, *La decadencia de Occidente*. Ahí se dice:

"Daré el calificativo de *apolínea* al alma de la cultura antigua, que eligió como tipo ideal de la extensión el cuerpo, singular, presente y sensible. Desde Nietzsche es esta denominación inteligible para todos. Frente a ella coloco el alma fáustica, cuyo símbolo primario es el espacio puro, sin límites, y cuyo 'cuerpo' es la cultura occidental...

...Apolínea es la estatua del hombre desnudo; fáustico es el arte de la fuga. Apolíneos son la concepción estática de la mecánica, los cultos sensualistas de los dioses olímpicos, los Estados griegos con su aislamiento político, la fatalidad de Edipo y el símbolo del falo; fáusticos son la dinámica de Galileo, la dogmática católico-protestante, ...el sino del rey Lear...

...Apolínea es la pintura que impone a los cuerpos singulares el límite de un contorno; fáustica es la que crea espacios, con luces y sombras.

...Apolínea es la existencia del griego, que llama a su yo *soma*, que no tiene idea de una evolución interna y que carece, por lo tanto, de una historia verdadera, interior o exterior; fáustica es una existencia conducida con plena conciencia, una vida que se ve vivir a sí misma, una cultura eminentemente personal de las memorias, de las reflexiones, de las perspectivas y retrospecciones, de la conciencia moral."

Son, según se leyó y conviene releer, dos maneras de ser, dos concepciones de mundo, dos raíces que dan lugar a mundos diferentes: uno calmo, sereno, concluso y por lo tanto gozoso en su inmovilidad, y el otro desaforado, ansioso de infinito, de contrastes, de inquietud y aventura jamás satisfechas.

El segundo es el nuestro. Con todas sus ganancias, con todas sus pérdidas. Porque en esto, como en todo, el grano se nos perdió en el camino, y nos quedaron las cáscaras, vistosas pero huecas.

El hombre fáustico, el de las culturas que Spengler describe, sobre todo el romántico, se desborda pero sabe qué quiere y adónde aspira llegar. A nosotros nos quedó simplemente el desborde. Hacia ningún horizonte. Desborde vacío. Por eso hay que imponerse la sonrisa; sola no sale.

ELIOT

En *Cuatro cuartetos* de T. S. Eliot, con traducción de J. R. Wilcock, encontramos estas imágenes del pensamiento en acción, en autenticidad, en movimiento perpetuo:

"A nuestro parecer
todo conocimiento fruto de la experiencia
posee, cuando más, un valor limitado.
Ese conocimiento nos impone un modelo
y nos induce a error
porque el modelo es nuevo a cada instante
y cada instante es una nueva y desconcertante
evaluación de todo lo que fuimos.
Únicamente nos desengañamos
de aquello que engañándonos ya no puede dañarnos.
...No quiero oír hablar más
de la sabiduría de los viejos,
sino más bien de su locura,
su miedo del temor y del extravío
...la única ciencia que podemos pretender
es la de la humildad, que es infinita."

Belleza es humildad. Humildad es no acumulación de saberes. Empezar de nuevo. Cuando se empieza de nuevo puede darse el encuentro por ventura. Des-engañarse. Quitarse de encima los engaños, aquellas verdades que se enquistaron y dejaron de ser vida, y por tanto fenecieron también como verdades.

Eso nos conduce a la humildad. Es la desnudez, la des-protección. Nada anterior a este momento te contiene. Estás lanzado hacia el devenir y sus impresiones. Este pájaro que me deslumbra desde el balcón mientras escribo estas líneas, este pájaro me deslumbra si no quiero conocerlo, apresarlo en las mallas de mis cajas de caudales del saber petrificado.

Belleza. La percepción cósmica de lo microcósmico. El pleroma, que decía Jung. Dios, que decía Eckart. La Nada, que decía Cordobero.

LA GLORIA DE LA DIFERENCIA

Quisiéramos programarlo todo. Sobre todo quisiera programarte a ti, mujer, hijo, alumno, amigo. Ser el Pigmalión de lo que encuentre en mi camino. Para que encajemos perfectamente los unos con los otros, para que no haya números equivocados. Números acertados, únicamente. Eso querría.

Entonces leo a Goethe, y en una de sus conversaciones con J. P. Eckermann le oigo decir: "Es una gran locura pedir que los hombres armonicen con nosotros. Yo no lo he hecho jamás. Yo he considerado siempre a un hombre como un individuo existente por sí, a quien quería conocer en su peculiaridad, sin pedirle ningún género de simpatía. Por eso he logrado poder tratar con todos los hombres, y sólo de ese modo se adquiere el conocimiento de caracteres variados y el aplomo necesario en la vida. Pues, precisamente, frente a naturalezas contrarias a la nuestra, tenemos que dominarnos para poder convivir con ellas, y merced a esto hacemos sonar en nuestro interior varias cuerdas que así se desarrollan y perfeccionan..."

Gloria a la otredad —por más irritante que resulte— del otro que patentiza, garantiza y autoriza mi propia otredad. Gloria a la divergencia, que fuerza al aprendizaje. De ella surge, bien lo explica Unamuno, la du-da, que es el estar entre dos (du, duo) o más posibilidades.

El que duda piensa, aprende, crece, vive.

LA MALDICIÓN DE LA CONFIANZA SOBERBIA

Lady Macbeth no duda. Tampoco su esposo. Están embrujados por la certeza de que son superiores y que el mundo merece estar bajo sus pies. No hay sangre que alcance para afianzar esa confianza que tienen en su regio destino. Se creen inmortales. (Como tantos individuos que andan por las calles de mi barrio.)

Macbeth. Todo comienza con tres brujas, y la jefa es Hécate. El gran propósito que se traen es inspirarle a Macbeth la pasión por el poder; eso lo conseguirá cometiendo terribles crímenes. Pero ¿cuál ha de ser el motor que pondrá en movimiento esta maquinaria asesina? La seguridad de la soberbia; la soberbia de la seguridad. La absoluta confianza en sí mismo.

El mensaje de Hécate a sus brujas para Macbeth es: "Despreciará el hado, se mofará de la muerte y llevará sus esperanzas por encima de la sabiduría, la piedad y el temor. Y vosotros lo sabéis: la confianza es el mayor enemigo de los mortales".

Y EL MIEDO

Confianza de soberbia (*superbus*, le decían en latín; *super*). El soberbio no es el que se considera superior; directamente ignora a los demás; está *sobre*, por encima de los demás. Sentirse dios. Infalible, inmortal.

Así también se manifiesta Ricardo III cuando, antes de lanzarse a la guerra contra sus enemigos, apostrofa a sus soldados diciéndoles:

"Vamos, señores, cada uno a su puesto. Que no turben nuestro ánimo sueños pueriles. La conciencia no es otra cosa que una frase para uso de poltrones, inventada para sujetar a los fuertes. Que nuestros brazos sean nuestra conciencia y la espada nuestra ley."

Volviendo a Macbeth, comenta Paul Watzlawick en su libro *Lo malo de lo bueno* cómo la seguridad y la soberbia se vuelven las grandes vengadoras del mismo hombre que dispone de ellas. Tarde o temprano cae de su pedestal.

Macbeth o Ricardo III para estar seguros matan gente. Después de todo cualquier otro ser es una amenaza para su

272

seguridad. No alcanzan a disfrutar de su poder p
pre están con miedo de perderlo.

COROLARIO DE UNO MISMO

El que nada tiene, nada puede perder. Tener es aferrar en el puño una cosa, una idea, una certeza. Ahí es donde atiza el pánico. Se puede perder.

No tengas. Tampoco tendrás miedo. Vive con la plena convicción de la inseguridad, de que mañana no será hoy, de que nada se repite, y de que no sabes qué nueva forma tomará eso que no va a repetirse. De sorpresa en sorpresa, sorprendiéndote a ti mismo siendo alguien que no conocías.

Te asombrarás al descubrirte.

ÍNDICE

Jaime Barylko

David Rey

Hombres de guerras, de mujeres y de Dios, antecesor del Mesías, el rey David supo transitar con éxito los senderos varios de la vida y alcanzar la gloria en lo terrenal y en lo divino. Con sus hijos, sin embargo, no supo armonizarse. Ser padre es un oficio aparte, un amor diferente, una pasión distinta. Ésta es la historia de David, que es una novela.

¿Qué vida humana, narrada, no lo es?

"Desde que era niño –dice Jaime Barylko– me encandilaba la fascinante vida de David, sus contradicciones, su paso sin solución de continuidad de los brazos de una mujer al regazo de Dios Misericordioso. Nunca lo entendí del todo, como me cuesta entenderme del todo. Lo que no se entiende no debe ser explicado; tan sólo ha de ser narrado."